职业院校课程改革特色教材（汽车类）

ZHIYE YUANXIAO KECHENG GAIGE TESE JIAOCAI (QICHELEI)

汽车基本技能一体化学生手册

■ 车小平 总主编

宁斌 董义 主编

人民邮电出版社

北京

图书在版编目（CIP）数据

汽车基本技能一体化学生手册 / 宁斌，董义主编
. -- 北京 : 人民邮电出版社，2014.9（2018.7重印）
职业院校课程改革特色教材. 汽车类
ISBN 978-7-115-36123-3

Ⅰ. ①汽… Ⅱ. ①宁… ②董… Ⅲ. ①汽车－高等职业教育－教学参考资料 Ⅳ. ①U46

中国版本图书馆CIP数据核字(2014)第179402号

内 容 提 要

本手册与人民邮电出版社出版的《汽车基本技能一体化教程》一书配套使用，编排顺序与主教材体系完全一致。本书主要内容包括工具（普通工具、机动扳手、手钳和螺钉旋具（起子）、拉拔器与举升工具、活塞与气门拆装工具、汽车电气检测仪表工具）；量具（钢直尺、卡钳、塞尺及刀口尺，游标读数量具，螺旋测微量具，指示式量具）；钳工（钳工基础、锯削、锉削、钻孔与螺纹加工）。

本书可作为中、高等职业技术院校，技工类学校汽车类专业的教学用书，也可供有关技术人员参考、学习、培训之用。

◆ 总 主 编　车小平
主　　编　宁 斌 董 义
责任编辑　刘盛平
执行编辑　王丽美
责任印制　杨林杰

◆ 人民邮电出版社出版发行　北京市丰台区成寿寺路 11 号
邮编　100164　电子邮件　315@ptpress.com.cn
网址　http://www.ptpress.com.cn
大厂聚鑫印刷有限责任公司印刷

◆ 开本：787×1092　1/16
印张：6　　2014 年 9 月第 1 版
字数：102 千字　　2018 年 7 月河北第 6 次印刷

定价：16.00 元

读者服务热线：(010)81055256　印装质量热线：(010)81055316
反盗版热线：(010)81055315
广告经营许可证：京东工商广登字 20170147 号

汽车基本技能一体化学生手册

编　委　会

本手册与人民邮电出版社的出版的《汽车基本技能一体化教程》一书配套使用。

本手册的内容紧扣配套教材的能力目标要求，既注重基础知识的巩固，又强调基本能力的培养。教师可根据本手册指导学生进行专业理论题练习、技能操作、教学考核评价。学生不仅可以通过本手册完成专业理论学习作业，也可以按照手册中的项目操作规程、方法步骤等内容进行技能操作训练。本手册在每个项目的练习结束后都设有学生学习评价表和一体化项目（任务）考核评分表，方便教师对学生的操作技能及时作出评价，提高学生主动学习的积极性。

由于编者水平有限，书中难免有不妥和疏漏之处，敬请广大读者批评指正。

目录 CONTENTS

项目一 1 工具

任务一 普通工具

基础知识填空

1. 扳手是用来拆装____________________。汽车维修作业中常用的普通扳手很多，如开口扳手、____________________、____________________、活动扳手、____________________、内六角扳手、锁紧扳手、____________________、____________________等。

操作开口时有哪些注意事项？

（1）开口扳手钳口以________________________________。这意味着通过转动开口扳手（扳手），可在有限空间中进一步旋转。

（2）为防止____，如在拧松一根燃油管时，用两个开口扳手去拧松一个螺母。

（3）开口扳手不能提供较大扭矩，因此不能________________________________。

（4）确保工具的直径与螺栓、螺母的头部大小合适。使工具与____。

（5）不能在扳手手柄上接套管。这会造成____________________，损坏螺栓或开口扳手（扳手）。

（6）不能将开口扳手当____用。

（7）禁止用水或酸、碱液清洗扳手，____________________________________。

（8）为了防止扳手损坏和滑脱，____，如图 1-1

所示。这一点，____，
____损坏螺母和扳手。

（9）拉力方向与扳手成直角时，扳手的扭力最大。操作时____
____，
如图 1-1 所示。

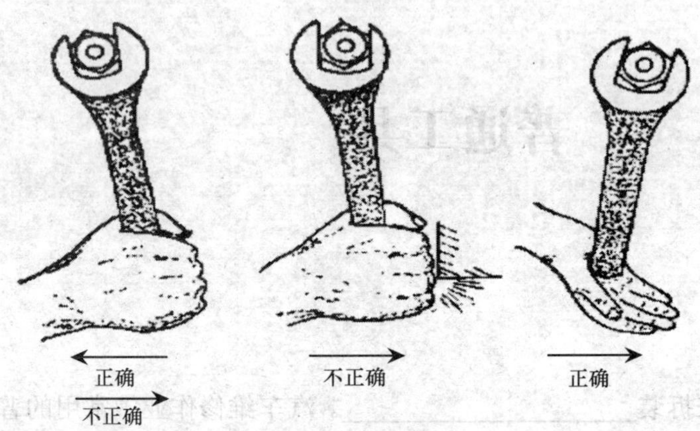

图 1-1　扳手的运用

（10）普通扳手是按人手的力量来设计，____
____。

2. 梅花扳手两端是环状的，环的内孔由两个____。使用时扳动一定的角度后，扳手即可换位再套，因而适用于狭窄场合下的操作。与开口扳手相比，梅花扳手强度高，使用时不易滑脱。但梅花扳手套上、取下不方便。

3．有一种两用扳手，一端制成开口，____________________，两端规格相同，如图 1-2 所示。两用扳手兼有两种扳手的优点，用起来很方便。环孔制成四角、六角或八角的梅花扳手，通常在汽车保修中有专门用途。四角或八角的适于拆四角螺母，八角的还可拆八角螺母，六角的用于拆六角螺母，它与普通十二角的相比____
____。

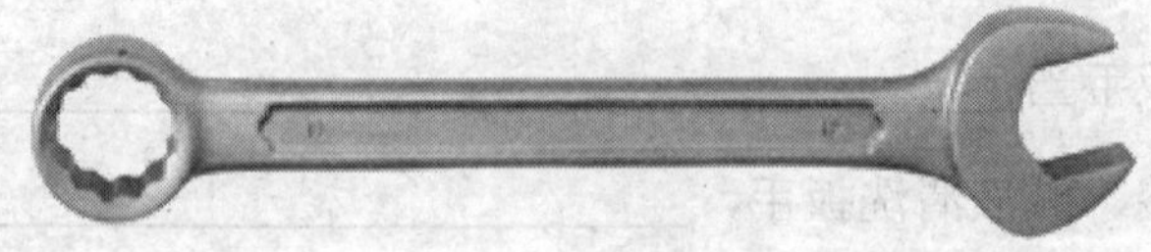
图 1-2　两用扳手

4. 梅花扳手应用在哪些场合？

（1）梅花扳手钳口是______________________________，可以容易地装配螺栓、螺母，在一个有限空间内重新安装。

（2）由于______________________________，因此没有损坏螺栓角的危险，并可施加大扭矩。

（3）由于轴是有角度的，因此可用于______________________________旋转螺栓、螺母。

5. 梅花扳手在使用过程中有哪些要求？

（1）使用时，______________________________，手势与开口扳手相同；重力扳转时，四指与拇指应上下握紧扳手手柄，往身边扳转。

（2）扳转时，______________________________。

（3）禁止使用______________________________。

（4）不能将梅花扳手______________________________。

6. 请写出图 1-3 中套筒扳手各组成部分的名称。

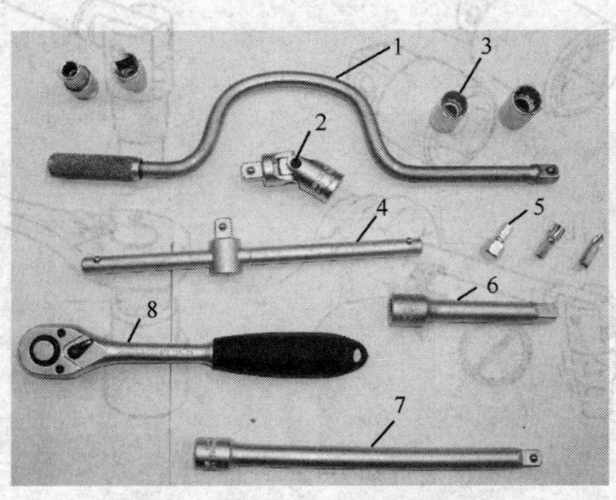

图 1-3 套筒扳手

1. ______________ 2. ______________ 3. ______________ 4. ______________

5. ______________ 6. ______________ 7. ______________ 8. ______________

7. 套筒扳手的环孔形状与梅花扳手相同，适用于____________________的或需要一定扭矩的螺栓或螺母。套筒扳手主要由____________________组成。滑头手柄的手柄头可沿扳杆滑动，____________________。棘轮手柄内有棘轮机构适于小转角场合下使用。

8. 常用套筒扳手的规格是 10～32mm。套筒头的方孔和手柄方孔分别是 13mm 和 12.5mm。小型套筒扳手的规格是 4～12mm，方孔为 7mm。大型套筒扳手的规格是 22～75mm，方孔为 20mm 和 22mm。除上述的十二角套筒头外，还有四角、六角、八角套筒头。四角和八角的用来拆装四角或八角螺母或螺栓。六角套筒头尤其适于________________________________。自制的六角套筒头可用旧活塞销锻制。

9. 套筒________________________________，只有和其他工具配合起来才能使用，这种工具根据工作状态装上不同手柄和套筒后可以很轻松地拆下并更换螺栓、螺母。

10. 常用的套筒接合器有：________________、滑头手柄、________________、短接杆、长接杆、________________、直接杆等。

11. 超大力矩会将负载施加在套筒本身或小螺栓上。力矩要根据____。

12. 标出图 1-4 中 1、2、3、4 工具的名称。

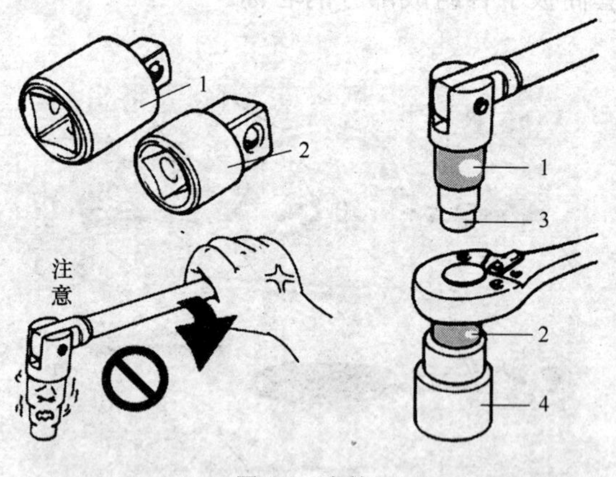

图 1-4　套筒

1. ____________　2. ____________　3. ____________　4. ____________

13. 如何根据工作进行的速度选择工具？

● 套筒扳手的优点在于它能旋转螺栓/螺母而不需要重新调整，这就可以迅速转动螺栓、螺母。

● 套筒扳手可以根据所装的手柄以各种方式工作。

(1) 棘轮手柄适合在狭窄空间中使用。然而，由于棘轮的结构，它不能获得很高的扭矩，如图 1-5（a）所示。

（2）滑动手柄要求极大的工作空间，但它能提供________________，如图 1-5（b）所示。

（3）旋转手柄在调整好手柄后可以迅速工作。但此手柄很长，很难在________________使用，如图 1-5（c）所示。

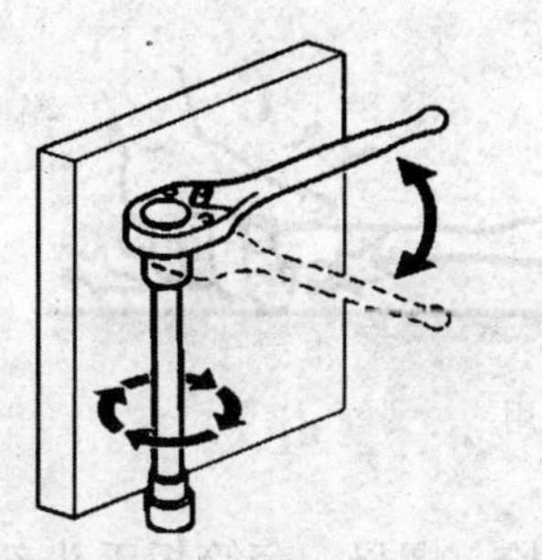

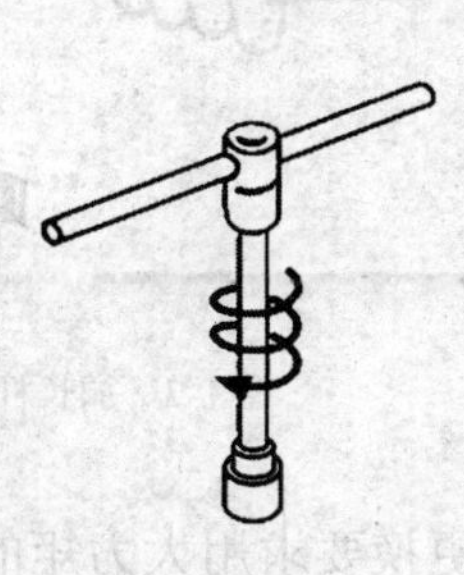

图 1-5

14. 套筒的方形套头部分可以前后或左右移动，手柄和套筒扳手之间的角度可以自由变化，使其成为________________有用工具。

15. 万向接头使用时的注意事项有哪些？

（1）不要使手柄________________。

（2）不要用于风动工具。球节由于不能吸收旋转摆动而脱开，造成________________或车辆损坏，如图 1-6 所示。

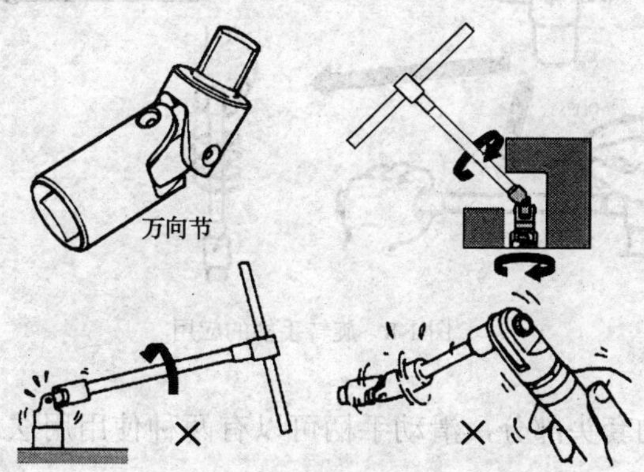

图 1-6 万向接头使用方法

16. 加长杆可用拆下和更换装________________；也用于________________，便于使用，如图 1-7 所示。

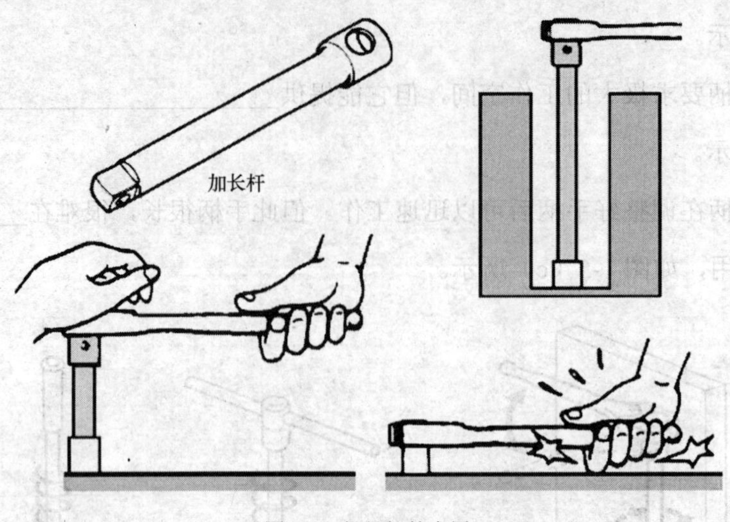

图 1-7　加长杆的应用

17. 旋转手柄用于拆下和更换要求用大力矩的螺栓、螺母。套筒扳手头部可作铰式移动，这样可以____，如图 1-8 所示。手柄滑动，____。

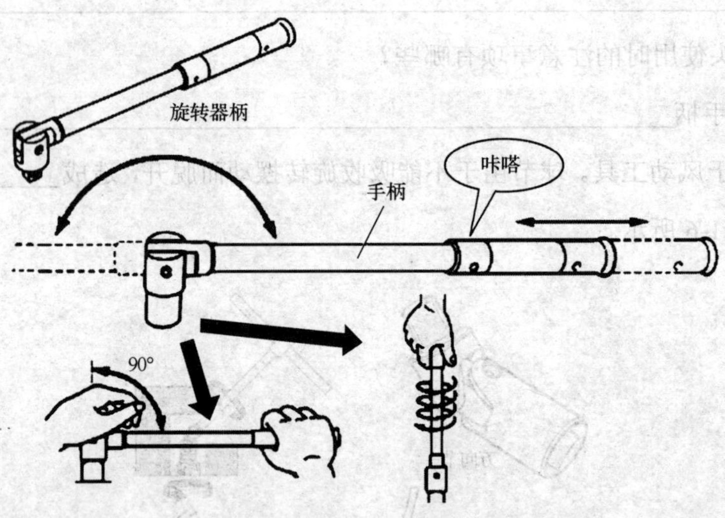

图 1-8　旋转手柄的应用

18. 通过滑动套筒的套头部分，滑动手柄可以有两种使用用法（见图 1-9）：L-形：____；T-形：____。

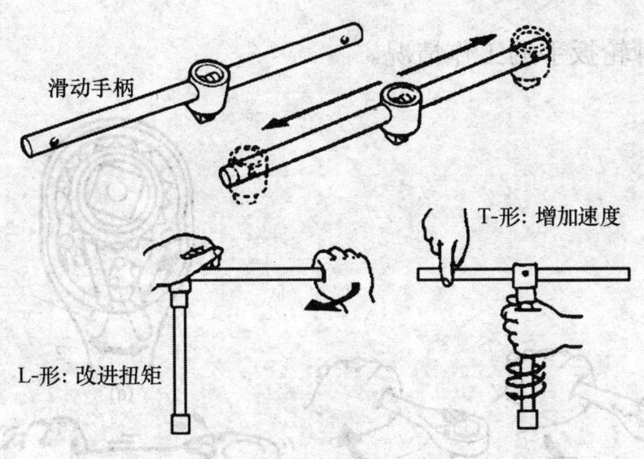

图 1-9 滑动手柄的应用

19. 套筒扳手有哪些使用要求？

（1）使用时根据螺栓、螺母的尺寸选好套筒，______________（视需要与长接杆或短接杆配合使用），______________。

（2）使用棘轮手柄时，______________。

（3）拆装时，握住快速摇柄的手切勿摇晃，以免套筒滑出或损坏螺栓、螺母的六角。

（4）禁止用______________。

（5）禁止使用______________。

（6）工具用毕，应______________。

20. 火花塞套筒专用于拆卸及更换火花塞。有大小两种尺寸，______________。扳手内装有______________。

21. 用火花塞套筒拆卸火花塞时应注意哪些事项？

（1）套筒磁性可保护火花塞，但仍要______________。

（2）为确保火花塞正确地插入，______________。（参考：规定的转矩 1.8～2N·m）

22. 棘轮手柄的应用有哪些？

（1）将成手柄往右______________，往右转可以松开它们。

（2）螺栓、螺帽可以不需要使用______________。

（3）套筒扳手可以______________，可以在有限的空间中工作。

请标出图 1-10 中棘轮扳手的工作情况。

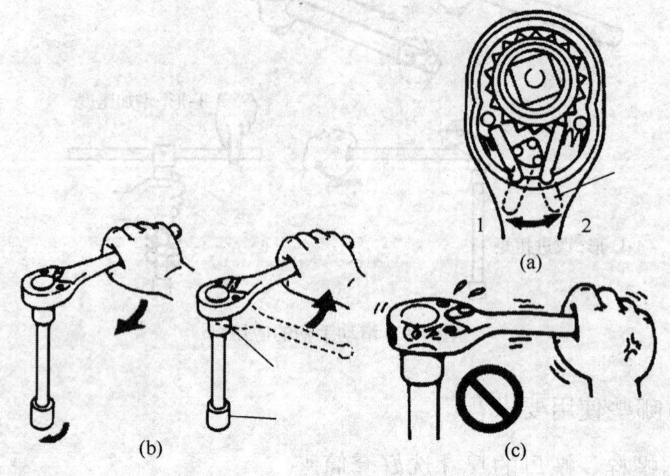

图 1-10　棘轮扳手

23. 活动扳手的开口尺寸 ________________________________，其使用场合与开口扳手相同。但活动扳手较笨重，____________________。活动扳手的规格以手柄长度和最大开口宽度（mm）来表示。

24. 活动扳手的使用要求有哪些？

（1）使用活动扳手时，应根据 ____，如图 1-11 所示。

（2）扳转时，____。

（3）扳转时，不准在 ________________________________。

（4）禁止将活动扳手当锤子使用。

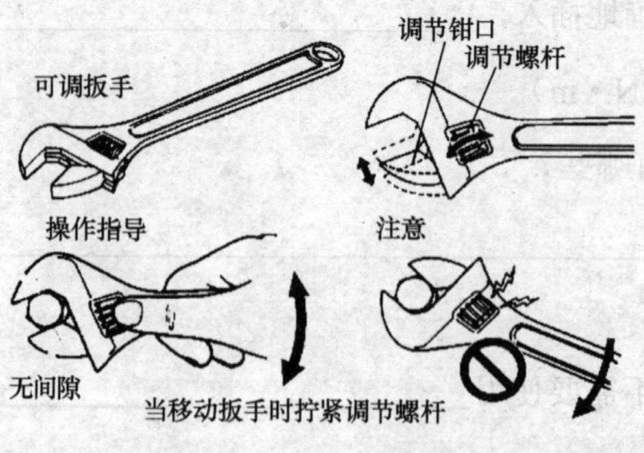

图 1-11　活动扳手的使用

25. 活动扳手适用于尺寸不规则的螺栓、螺母或压紧其他专用维修工具。旋转调节螺丝改变孔径。一个可调扳手可用来代替________________________________。

26. 扭力扳手是一种可以按工艺要求预设限定或指示、测量拧紧螺纹连接组件扭矩值的手动扳手，也是一种扭矩计量工具。扭矩扳手可分为 3 大类：________________、指示表式扭矩扳手和________________。定值式扭矩扳手又分为预置式和可调式扭矩扳手，此类扭矩扳手的功能简单，精度较低，精度一般为±4%，但价格较便宜。因为生产技术容易掌握，制造生产的厂商也很多，定值式扭矩扳手是装配作业中较早使用的产品。指示表式扭矩扳手精度一般在±3%，它主要解决了____并提高了测量精度。电子数显扭矩扳手在国际上出现于 20 世纪 90 年代初，它很好地解决了以上两类扭矩扳手功能简单、使用精度低的明显不足。由于电子数显扭矩扳手的高精度、多功能和具有与计算机传输数据的功能，使得电子数显扭矩扳手充分满足了现代工业发展的需求，很好地解决了机械式扭矩扳手在紧固件拧紧控制中不能解决的问题。

27. 扭力扳手是________________________________。普通扭力扳手的规格是以最大可测扭矩来划分的，常用的有 98N·m、196N·m、294N·m 3 种。由于汽车上规定有扭矩的螺纹件日益增加，扭力扳手（见图 1-12）的使用也逐渐增多。扭力扳手除用来控制________________________________外，还可用来测量________________________________，如图 1-13 所示。

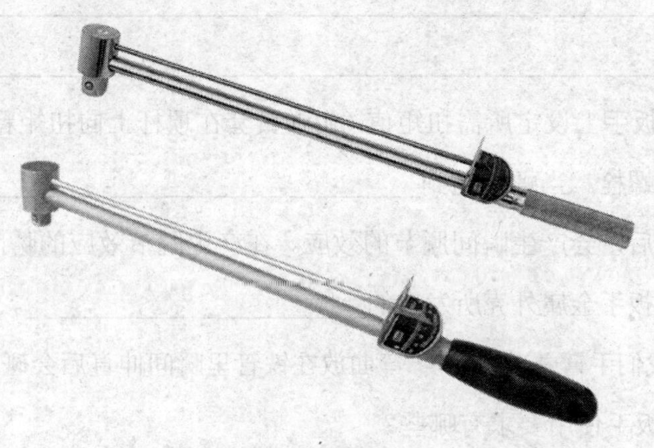

图 1-12 扭力扳手

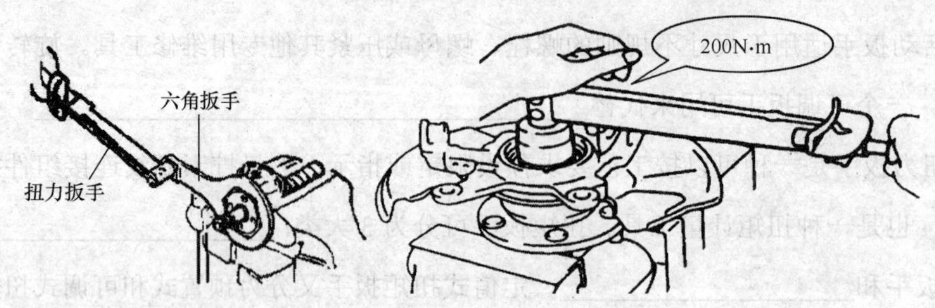

图 1-13 用小型扭力扳手测起动转矩

28. 预置式扭力扳手（见图 1-14）具有__________。使用时，首先设定好一个需要的扭矩值上限，当施加的扭矩达到设定值时，扳手会发出“咔嗒”声响或者扳手连接处折弯一点角度，同时伴有明显的手感震动，这就代表__________。解除作用力后，扳手各相关零件能自动复位。

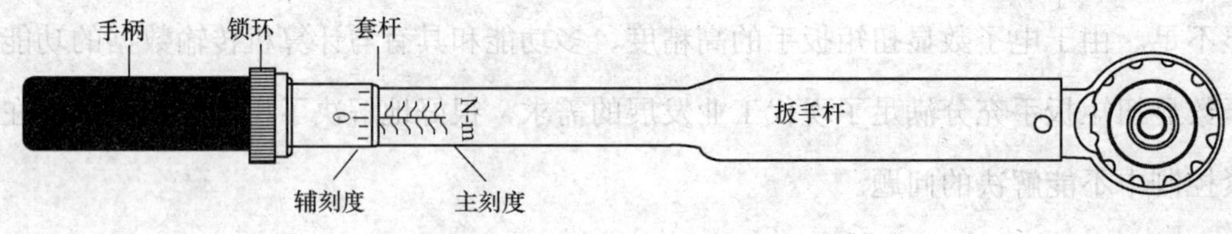

图 1-14 预置式扭力扳手

29. 扭力扳手的工作原理是什么？

扭力扳手发出“咔嗒”声的原理可以分为以下几个步骤去理解。

（1）扭矩扳手在发出__________。

（2）扭矩扳手所发出的“咔嗒”是由本身内部的扭矩释放结构产生的，其结构分为__________

__________。

（3）首先在扭矩扳手上设定所需扭矩值（由弹簧套在顶杆上向扭矩释放关节施压），锁定扭矩扳手，开始拧紧螺栓。当螺栓达到__________（当使用扭力大于弹簧的压力）后，会产生瞬间脱节的效应。在产生脱节效应的瞬间发出__________，扳手金属外壳所发出的__________。由此来确认达到扭矩值的提醒作用（就像我们手臂关节成 15° 弯曲放在铁管里瞬间伸直后会碰到钢管的原理一样）。

30. 预置式扭力扳手使用要求有哪些？

（1）__________

____

____。

（2）____

____。

（3）拧紧螺栓螺母时，不能用力过猛，以免损坏螺纹。

（4）____。

（5）拆装时，禁止____。

（6）扭力扳手使用后应擦净油污，妥善放置。

（7）预调式扭力扳手____。

31. 预置扭力扳手的使用方法是什么？

（1）首先必须将____，如图 1-15 所示，为此需单手握住手柄，然后顺时针转动锁环至末端。

（2）转动手柄，直至手柄上部的____

____，如图 1-16 所示。

（3）若所需的扭力值在两个示值之间，则____

____。

（4）若需锁紧扳手，则应单手握住手柄，然后逆时针转动锁环直至末端。

注意：切勿在锁环位置为“锁紧”时转动手柄。否则，容易损坏调节装置。

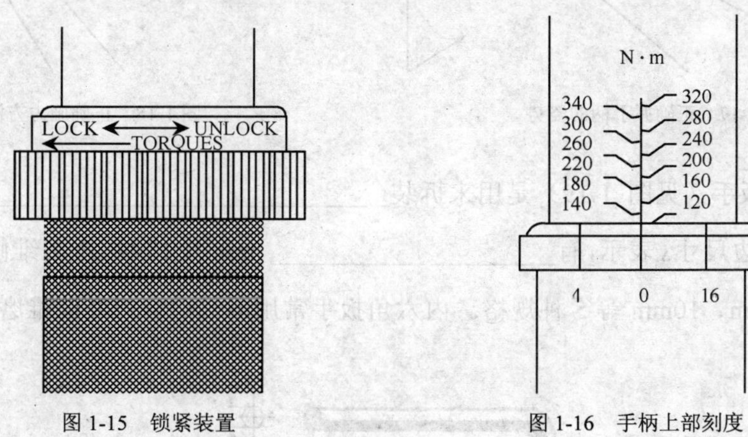

图 1-15 锁紧装置　　图 1-16 手柄上部刻度

32. 预置式扭力扳手使用注意事项有哪些？

（1）根据需要选择在使用范围内的扭力扳手，切勿超出扭力扳手的使用范围设置扭力。

（2）调整适当扭力之前，确认锁紧装置处于____________________状态。当锁环处于“LOCK”时，切勿____________________，否则会损坏锁紧装置。

（3）使用扳手前，要确认锁紧装置处于____________________。

（4）为了使扭力扳手在使用时处于良好状态，首次使用或长期未使用的扭力扳手需要再次使用时，____________________，以使其中精密部件能得到内部特殊润滑剂的充分润滑。

（5）保持正确握紧手柄的姿势。握紧手柄，而不是扳手杆，然后平稳的拉扳手，如图 1-17 所示。沿垂直于扭力扳手壳体方向，慢慢地加力，直至听到扭力扳手发出“嗒”的声音，此时扭力扳手已到达预置扭力值，工件已加力完毕，应及时解除作用力，以免损坏零部件。在施力过程中，按照国家标准仪器操作规范，其垂直度偏差左右不应超过 10°。其水平方向上下偏差不应超过 3°，操作人员在使用过程中应保证其上下左右施力范围均不超过 15°，如图 1-18 所示。

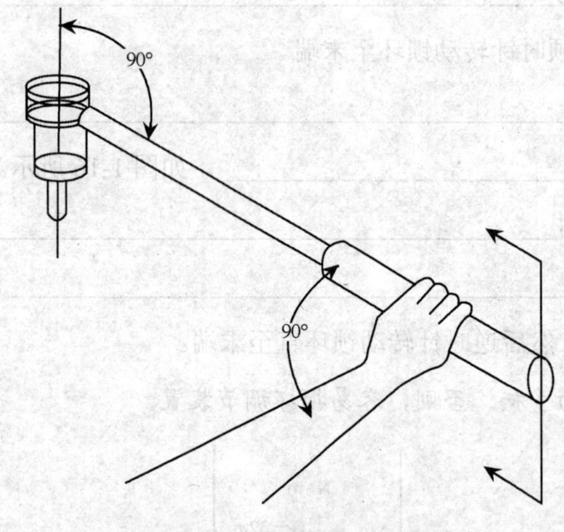

图 1-17　正确握手柄的姿势

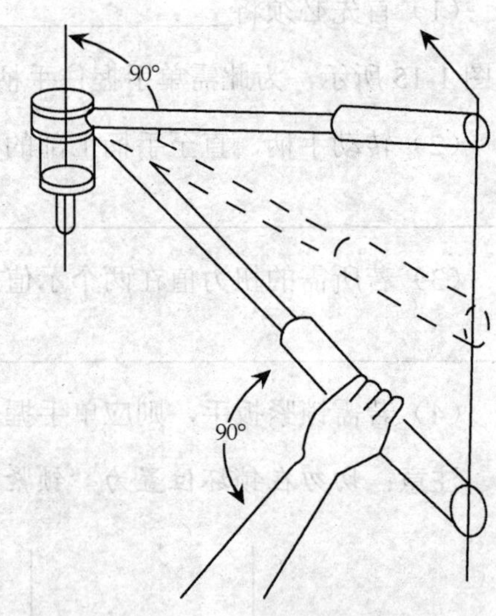

图 1-18　正确施力方法示意图

33. 内六角扳手（见图 1-19）是用来拆装____________________________。规格以六角形对边尺寸 *s* 表示，有____________________ mm 共 13 种。汽车维修作业中 4mm、5mm、6mm、8mm、10mm 等 5 种规格。内六角扳手常用旧气门杆或断丝锥磨制。

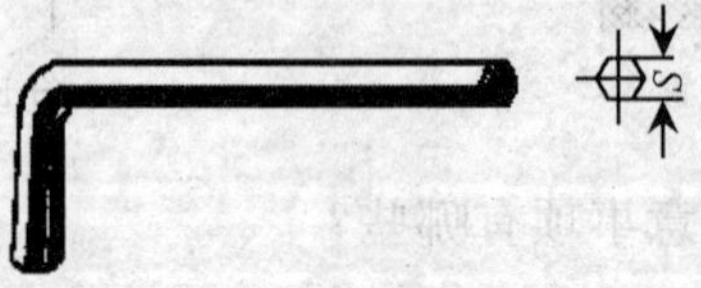

图 1-19　内六角扳手

34. T 形扳手的特点有哪些？

（1）套筒头采用优质铬钒合金钢造。

（2）独特的设计可使加长杆长达到 30cm，适合在狭窄的空间操作。

（3）把手长度达 20cm，扭力更大。

35. 管子钳是用来__________________，如图 1-20 所示。按其作用属于扳手类，故也称为__________________。

36. 管子钳的规格用__________________来表示，常用____________、____________和____________这 3 种规格。

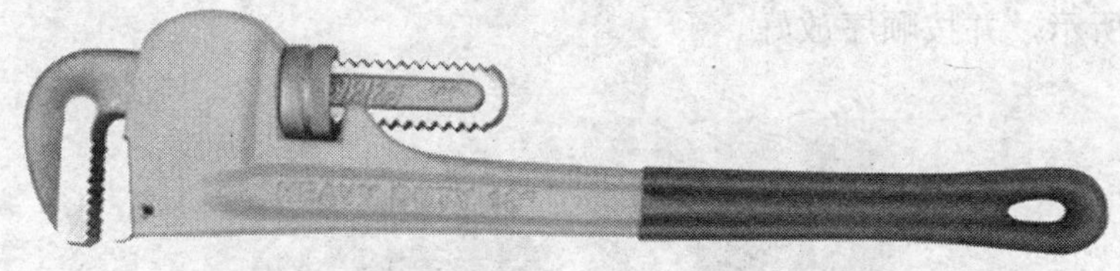

图 1-20　管子钳

37. 管子钳的使用要求有哪些？

（1）使用时，应根据圆柱件的尺寸预先调好管子钳的钳口，使之夹住管件，并使固定部分承受拉力，以免扳转时滑脱。

（2）管子钳使用时不得用____。

（3）禁止用管子钳拆装____。

（4）禁止用管子钳拆装____，以免改变工件表面的粗糙度。

实践操作训练

参照教程补全以下操作步骤，并在实训车间完成实际操作。

1. 汽缸盖螺栓的拆装

（1）用__________________将汽缸盖的螺栓拧松，每颗螺栓__________________角度，并且按__________________顺序交叉拧松螺栓，如图 1-21 所示。

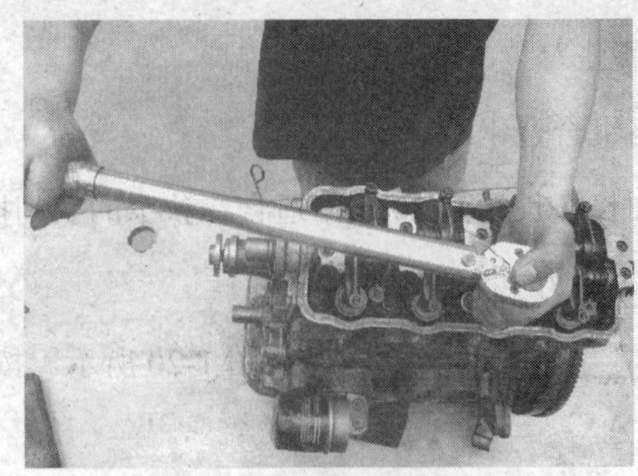

图 1-21　拆卸汽缸盖螺栓

（2）换用＿＿＿＿＿＿同样按从两端到中间的顺序交叉拧松螺栓。最后将螺栓用磁力棒吸出，如图 1-22 所示，并按顺序放好。

图 1-22　用磁力棒将螺栓吸出

（3）将汽缸盖装入汽缸体上，将拆出来的螺栓按原来的位置放回螺栓孔。

（4）用＿＿＿＿＿＿＿＿＿＿将螺栓按从＿＿＿＿＿＿＿＿＿＿的顺序交叉预紧，力矩为 10～15N・m，如图 1-23 所示。

图 1-23　用 T 形扳手拧紧螺栓

（5）用____________________分别以 30N·m、58N·m，按____________________的顺序交叉预紧。

2. 传动轴的拆装

（1）用____________________将传动轴的螺栓分 3 次按____________________的顺序拆下，如图 1-24 所示。注意开口扳手不能用力拧，只能用来定位。

（2）安装时按拆卸的相反顺序紧固螺栓。

图 1-24 用扳手卸下螺栓

3. 利用组合扳手拆装汽车轮胎

（1）垫好车轮挡块（三角木）。选择合适的______________________________（见图 1-25）将汽车后轮胎的螺母按____________________的顺序拧松，如图 1-26 所示。

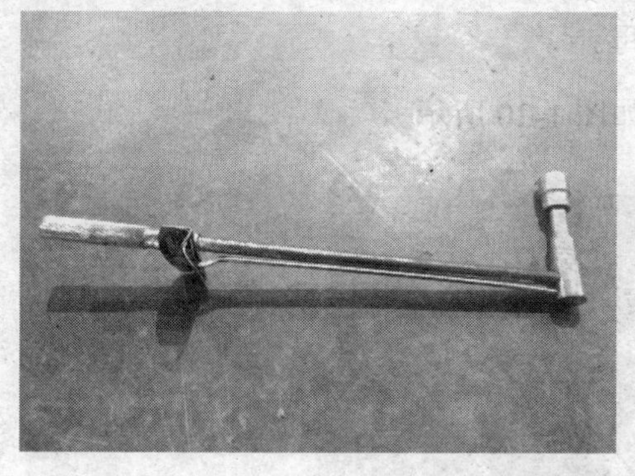

图 1-25 指针式扭力扳手

图 1-26 拧松轮胎上的螺母

（2）用____________________将汽车后轮顶起来（见图 1-27），并安装______________________________（见图 1-28）。

图 1-27　千斤顶顶起汽车后轮

图 1-28 安装架车凳

（3）用________________将轮胎螺栓拧出来，注意：先________________________，最后拆卸上面的螺母，以防车轮掉下来。

（4）将车轮整体拆下来，并放到后桥的下面（放一半），如图 1-29 所示，以保证操作人员及车辆的安全。

图 1-29　卸下的轮胎放置位置

（5）按相反的顺序将车轮安装好，并预紧螺母。

（6）将车辆放下，__________________，如图 1-30 所示。

图 1-30　垫车轮挡块

（7）按规定的力矩，用__________________将轮胎螺母分 2～3 次交叉拧紧。

考核

学生学习评价表

评价内容		自我评价（打分）	相互评价（打分）	教师评价（打分）
信息收集	理解任务或问题的程度			
	收集信息的完整性			
	对信息（知识）的领悟性			
制订计划	计划制订参与程度			
	计划的合理性及实用性			
修改计划	和老师怎么讨论计划			
	和老师讨论后，是否知道如何改进计划			
	计划修改后的完整性			
实施	是否按计划进行工作			
	是否亲自实施计划			
	是否记录工作过程及结果			
检查	是否按计划的要求去完成任务			
	是否达到预期目标			
	整个工作流程是否与标准流程符合			
评价	按计划是否完成了任务或解决了问题			
	在哪个环节上可以改进			
	学习团队的合作情况			
总评				

一体化项目（任务）考核评分表

任课教师签字：

<table>
<tr><th>序号</th><th>考核内容</th><th>配分</th><th>评分标准</th><th>考核记录</th><th>扣分</th><th>得分</th></tr>
<tr><td rowspan="6">一</td><td rowspan="6">1. 发动机汽缸盖紧固螺栓的拆装
2. CA7130 型汽车传动轴的拆装
3. 汽车轮胎的拆装</td><td>5</td><td>能准确的使用开口扳手</td><td></td><td></td><td></td></tr>
<tr><td>5</td><td>能准确的使用梅花扳手</td><td></td><td></td><td></td></tr>
<tr><td>5</td><td>能准确的使用 T 形扳手</td><td></td><td></td><td></td></tr>
<tr><td>20</td><td>能准确的使用扭力扳手</td><td></td><td></td><td></td></tr>
<tr><td>20</td><td>能准确的使用定扭力扳手</td><td></td><td></td><td></td></tr>
<tr><td>20</td><td>汽车后车轮的紧固螺母进行拆装</td><td></td><td></td><td></td></tr>
<tr><td>二</td><td>职业素养</td><td>10</td><td>课堂的纪律性</td><td></td><td></td><td></td></tr>
<tr><td></td><td></td><td>5</td><td>文明操作</td><td></td><td></td><td></td></tr>
<tr><td></td><td></td><td>5</td><td>工量具及设备的整齐、清洁度</td><td></td><td></td><td></td></tr>
<tr><td>三</td><td>基础知识填空</td><td>5</td><td>回答正确、书写工整、按时全部完成</td><td></td><td></td><td></td></tr>
<tr><td>合计</td><td></td><td>100</td><td></td><td></td><td></td><td></td></tr>
</table>

任务二 机动扳手

基础知识填空

1. 风动扳手也叫风炮，实际上是一种用 ____ 。

2. 风动扳手（见图 1-31）主要由起动机构、变向机构、气动马达，行星齿轮减速传动机构和冲击机构等组成。

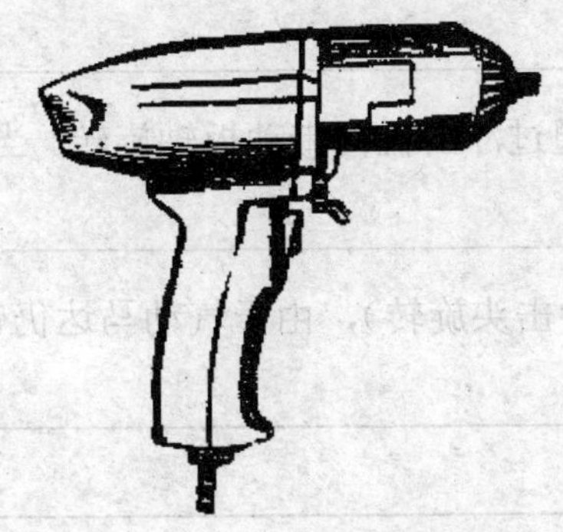

图 1-31　风动扳手

3. 风动扳手的起动机构采用________________。当按压压柄时，压柄推动阀杆，打开球阀进气。

4. 风动扳手的变向机构由________________组成。向左或向右转动变向手柄即可改变风动扳手的旋转方向。

5. 风动扳手的气动马达采用__________结构，其工作原理如图 1-32 所示。压缩空气从进气孔道进入汽缸内，推动滑片，带动转子高速旋转，然后从__________。如果需要反转，则由变向机构改变气流的进出方向，转子即可反向旋转。

6. 风动扳手的行星齿轮减速机构采用一级行星齿轮减速机构，其工作原理如图 1-33 所示。风动马达转子轴一端的小齿轮作为主动齿轮与减速机构中__________。两个行星齿轮沿着固定的内齿轮带动行星齿轮架和凸轮轴转动。但其转速大大低于气动马达转子的转速。

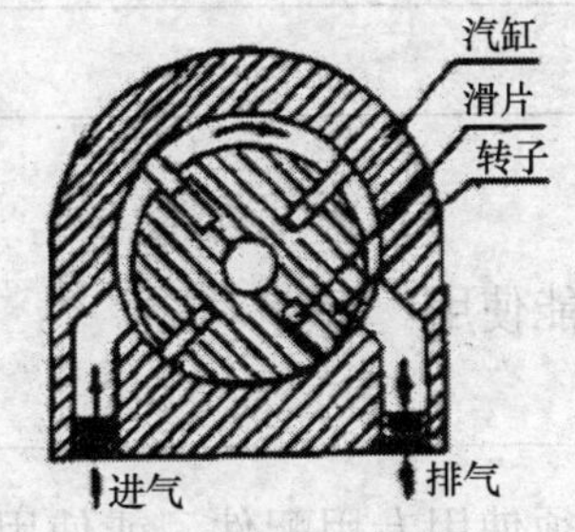

图 1-32　滑片式气动马达的工作原理

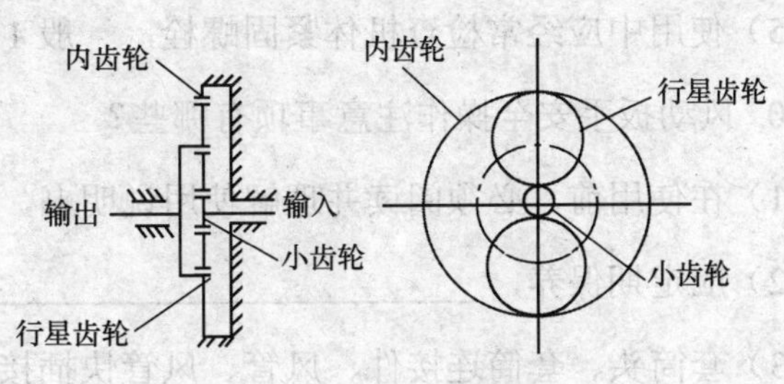

图 1-33　行星齿轮减速原理图

7. 风动扳手的冲击机构采用弹簧钢珠式端面的冲击机构，主要由__________等组成。凸轮轴为一圆柱体，外圆面上铣有 V 形凹槽。冲击头套在凸轮轴上，其圆面上铣有与凸轮轴上凹槽相对应的圆弧面形的凹槽，两凹槽间装有钢珠。冲击头前端用牙嵌（离合器）

和扳轴上牙嵌相连接。由于______________________________________。

8. 按下压柄后，气动马达通过冲击机构带动扳轴旋转。当扳轴上套筒受到的阻力不大时（螺栓或螺母未上紧），______________________________________。当套筒不能旋转时（扳轴阻止冲击头旋转），由于气动马达仍带动凸轮轴旋转，____

在分离的瞬间，____。

9. 风动扳手的使用和保养方法是什么？

风动扳手是由许多精密零件组成的，其使用寿命在很大程度上取决于操作者是否正确使用和保养。

（1）风动扳手使用的压缩空气______________________________________。

（2）在使用前，____。

（3）由于扳轴输出的扭矩是定值，所以扳手应和所拆装的螺纹件相适应。为了更换扳手方便，可采用快速接头。

（4）风动扳手____。

（5）使用中应经常检查机体紧固螺栓，一般 1～3 个月________________________。

10. 风动扳手安全操作注意事项有哪些？

（1）在使用前，必须阅读并理解使用说明书，未经培训不能使用。

（2）应定期保养，____。

（3）套筒头、套筒连接件、风管、风管快插接头等配件，须使用专用配件，或使用制造商推荐配件。如有异常____。

（4）使用的风源必须清洁干燥，一般需配置______________________________三联件，使风压稳定、可调、有润滑性。压力不能______________________________________。风管与风源连接可靠，无泄漏，长度____。

（5）操作时，______________________________。

（6）选择合适的方向及输出扭矩。

（7）保持______________________________。

（8）旋紧螺母时，须先______________________________。

（9）拆卸螺母时，在螺母即将脱开螺栓时，______________________________
______________________________。

（10）使用开口、梅花扳手给螺栓定位时，防止风动扳手的旋转力矩打伤手，以及扳手从高处掉落。

（11）有压力的风管脱开时，______________________________
______________________________。

11. 电动扳手就是以电源或电池为动力的扳手，是一种拧紧螺栓的工具。主要分为______
____
____
______________________________。

12. 电动扳手一般采用电压为______________单相串激式电动机驱动，这种电动机扭矩较大，适合于断续工作。由于______________________________，提高了用电安全性，不需要接地线。常用电动扳手型号和主要参数见表 1-1。

表 1–1　电动扳手型号和主要技术参数表

型号	P2B-8	P1B-12	P1B-16	P1B-20
使用范围	M6-8	M10-12	M14-16	M18-20
额定扭矩（N・m）	14.7	58.8	147	215.6
重量（kg）	1.7	2.5	4.5	5.5～6

13. 电动扳手的特点：（1）______________________；（2）手柄和机壳材料散热性好（3）______________________，比手工更保险可靠；（4）______________________；（5）______________________。

14. 电动扳手有哪些使用注意事项？

（1）确认现场所接电源与电动扳手铭牌规定值是否相符，是否接有______________。

（2）根据螺帽大小选择＿＿＿＿＿＿＿＿＿＿＿＿＿＿＿＿＿＿＿＿，并妥善安装。

（3）在送电前确认电动扳手上开关为断开状态，否则插头插入电源插座时，电动扳手将突然立刻转动，从而可能导致人员伤害危险。

（4）若作业场所在远离电源的地点，需延伸线缆时，应使用＿＿＿＿＿＿＿＿＿＿＿＿＿＿＿＿＿＿＿＿＿＿延伸线缆如通过人行过道应高架或做好防止线缆被碾压损坏的措施。

（5）尽可能在使用时找好反向力矩支靠点，以防＿＿＿＿＿＿＿＿＿＿＿＿＿＿＿＿＿＿＿＿。

（6）使用时发现电动机炭火花异常时，＿＿。

（7）和风动扳手一样，电动扳手是定扭矩的，因此作旋紧用时必须注意扳手的使用范围，以防拧断螺栓。

（8）一般装配一个螺纹件，冲击时间为＿＿＿＿＿＿＿＿＿＿，不要经常超过＿＿＿＿＿＿＿＿＿＿＿＿＿＿＿＿。

（9）电压过低、过高均不宜使用。变换转向时，要先用电源开关切断电源，再扳动正反转开关，以保护正反转开关。

（10）注意清洗冲击机构和整流子，以便及早发现隐患。要及时更换润滑脂。

实践操作训练

参照教程补全以下操作步骤，并在实训车间完成实际操作。

1. 选择合适的套筒并将其安装到风动扳手上，同时连接好气管，调试好扭力，注意正反方向，如图 1-34 所示。

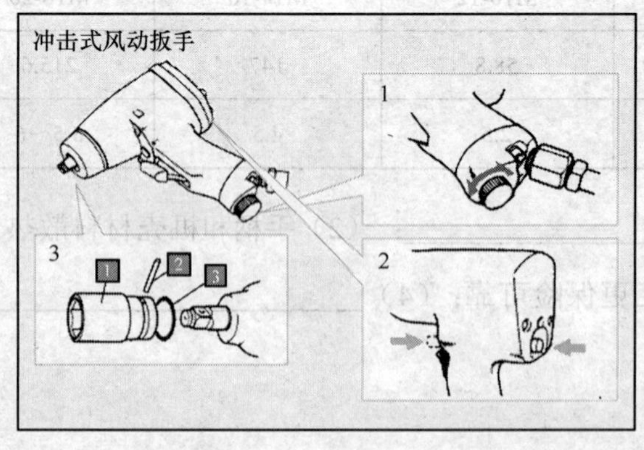

图 1-34 组装好风动扳手

2. 用举升机将汽车举起，当车身离开地面____________时，检查被顶起的汽车是否稳固，确认汽车安全顶起后继续升高，高度以____________为宜。

3. 按对角交叉的顺序将轮胎的螺母拆下，如图 1-35 所示。先拆卸____________，____________最后拆，以防止车轮掉下来。

图 1-35 拆卸螺母

4. 安装轮胎螺母时，先____________，然后再用____________，拧紧顺序为对角交叉，并分 2～3 次拧紧。

考核

学生学习评价表

评价内容		自我评价（打分）	相互评价（打分）	教师评价（打分）
信息收集	理解任务或问题的程度			
	收集信息的完整性			
	对信息（知识）的领悟性			
制订计划	计划制订参与程度			
	计划的合理性及实用性			
修改计划	和老师怎么讨论计划			
	和老师讨论后，是否知道如何改进计划			
	计划修改后的完整性			
实施	是否按计划进行工作			
	是否亲自实施计划			
	是否记录工作过程及结果			

续表

续表评价内容		自我评价（打分）	相互评价（打分）	教师评价（打分）
检查	是否按计划的要求去完成任务			
	是否达到预期目标			
	整个工作流程是否与标准流程符合			
评价	按计划是否完成了任务或解决了问题			
	在哪个环节上可以改进			
	学习团队的合作情况			
总评				

一体化项目（任务）考核评分表

任课教师签字：

序号	考核内容	配分	评分标准	考核记录	扣分	得分
一	丰田威驰轮胎拆装	10	正确安装风动扳手			
		20	调试风动扳手拧紧力矩			
		20	能准确的使用正反转			
		10	能准确的使用套筒			
		15	能按正确的顺序对轮胎进行拆装			
二	职业素养	10	课堂的纪律性			
		5	文明操作			
		5	工具及设备的整齐、清洁度			
三	基础知识填空	5	回答正确、书写工整、按时全部完成			
合计		100				

任务三 手钳和螺钉旋具（起子）

基础知识填空

1. 手钳是采用杠杆原理________________。汽车维修保养中采用的手钳种类较多，按其用途和来源可分为两大类：通用手钳和专用手钳。

2. 手钳分为________、________、________、挡圈钳、________和多用钳。它们的规格一般以钳身长度来表示。

3. 鲤鱼钳钳头的前部是________，适于夹捏一般小零件，中部凹口粗长，用于夹持圆柱形零件，也可以代替________________；钳头后部刃口可剪切金属丝。由于一片钳体上有两个互相贯通的孔，又有一个特殊的销子、所以操作时钳口张开度可很方便地变化，以适应夹持不同大小的零件，是汽车维修作业中使用最多的一种手钳。

4. 鲤鱼钳有________两种，用 50 优质碳素结构钢制造，刃口部硬度 HRC 48～54。钢丝钳的用途和鲤鱼钳相仿，但其支销相对于二片钳钵的位置都是固定的，故使用时不及鲤鱼钳灵活，但剪断金属丝的效果较鲤鱼钳要好。规格有 150mm、175mm、200mm 3 种。有绝缘柄和铁柄之分。

5. 鲤鱼钳有哪些应用？

（1）________________________________。

（2）改变支点上的孔的位置可以调节钳口打开的程度。

（3）________________________________。

（4）________________________________。

6. 在用鲤鱼钳夹紧前，须用________________易损坏件。

7. 钢丝钳的用途和鲤鱼钳相仿，但其支销相对于两片钳钵的位置都是固定的，故使用时不及鲤鱼钳灵活，但剪断金属丝的效果较鲤鱼钳要好。规格有________3 种。有绝缘柄和铁柄之分。

8. 钢丝钳上带有旁刃口，能夹持工件，还能折断____。

9. 尖嘴钳和弯嘴钳因________________________________，所以能在较小的空间工作。________________________________，带刃口的能剪切细小零件。使用时，________________________________。规格以钳长表示，有绝缘柄和铁柄之分。

10. 挡圈钳是________________________________。由于挡圈分为孔用、轴用以及安装位置不同，因此挡圈钳有 4 种式样。

11. 挡圈钳分________________________________，规格以钳身长度分为：125mm、175mm、225mm 3 种。

12. 断线钳是________________________________。尤其在修理汽车木质车厢时，断线钳常用来________________的 10 号圆钢。常用的有长 750mm 和 900mm。两种规格的断线钳。

13. 斜口钳（见图 1-36）又名斜嘴钳，有很多类别。例如，百锐工具产品目录的斜口钳分类为____、VDE 耐高压大头斜口钳、镍铁合金欧式斜口钳、精抛美式斜口钳、________________等。市场上的斜口钳的尺寸一般分为：4 寸、5 寸、6 寸、7 寸、8 寸。大于 8 寸的比较少见，小于 4 寸的，一般市场称为迷你斜口钳，约为 125mm。常用规格：5 寸、6 寸和 7.5 寸。

14. 钳口硬度可达到 48～60（HRC），________________________________。

15. 斜口钳由 45#碳钢、________________________________等制成。手柄有单色沾塑手柄、双色沾塑手柄、PVC 或 TPR 套柄。表面以抛光电镀见多，也有珍珠镍、发黑等处理。

16. 斜口钳主要用于________________________________（由于刀片尖部为圆形，它可用以切割细线，或者只要选择所需的线从线束中切下）、________________、模型制作等。

17. 使用斜口钳有哪些注意事项？

（1）____。

（2）剪切紧绷的钢丝时，必须做好防护措施，防止________________________________。

(3)不能将____。

图 1-36 斜口钳

(4) 不能用以切割______________________________，这样做会损坏刀片。

18. 多用钳利用一组复合杠杆能产生______________，所以多用钳又称为大力钳或锁钳，它的钳口开度大。250mm 长的多用钳，钳口开度可达 50mm。

19. 多用钳分为两大类：______________和______________。普通多用钳分直嘴和曲嘴两种，曲嘴的钳口后部常有剪切刃口，适于剪切细金属丝。

20. 多用钳的使用要求是什么？

(1) 使用时，______________________________。根据需要选用尖嘴钳或鲤鱼钳等。

(2) 禁止____。

(3) 不准____。

(4) 禁止____。

21. 螺钉旋具通常称为起子，又叫______________、旋凿，是用来拆装螺钉的。起子分为______________________________两大类。

22. 汽车修理中一般用______________________________。木柄夹柄式起子能承受较大的扭力，还可以______________________________，可锤击或用扳手增加扭力但不能在 36V 以上电压场合下使用。木柄（YM 型）和塑料柄（YS 型）是指手柄的制造材料，塑料柄绝缘性能高于木柄。穿心木柄（YM—III型）的旋杆贯通于手柄，能承受较大的扭力，并且工作时可______________________________________。

23. 十字形起子的结构与一字形起子相同，只是______________________________。

24. 组合起子又叫做多用螺钉旋具。这种起子，一个手柄______________，以适应拆装各种螺钉，及在木头上钻小孔，柄部装有氖管，兼作______________用。

25. 自动起子又名自动螺钉旋具。这种起子具有________________3 种动作。当开关________________________________，能提高生产效率，减轻劳动强度。当开关位____。

26. 螺丝刀的使用要求有哪些？

（1）____。

（2）____。

（3）____。

（4）____。

（5）____。

27. 冲击起子（见图 1-37）是一种通过____。冲击起子采用特殊的淬火钢制成，可承受较大的冲击载荷，配有常用的十字、一字和内六方冲击头，主要用来松动锈死或者被冷焊住的螺栓，也可以用于________________。

图 1-37　冲击起子

28. 冲击起子的使用方法是什么？

____。

考核

学生学习评价表

评价内容		自我评价（打分）	相互评价（打分）	教师评价（打分）
信息收集	理解任务或问题的程度			
	收集信息的完整性			
	对信息（知识）的领悟性			
制订计划	计划制订参与程度			
	计划的合理性及实用性			
修改计划	和老师怎么讨论计划			
	和老师讨论后，是否知道如何改进计划			
	计划修改后的完整性			
实施	是否按计划进行工作			
	是否亲自实施计划			
	是否记录工作过程及结果			
检查	是否按计划的要求去完成任务			
	是否达到预期目标			
	整个工作流程是否与标准流程符合			
评价	按计划是否完成了任务或解决了问题			
	在哪个环节上可以改进			
	学习团队的合作情况			
总评				

任务四 拉拔器与举升工具

基础知识填空

1. 拉拔器又称为____________________。在汽车修理中，它主要用来拆装静配合副。例如，轴承、正时齿轮、各种皮带轮等。

2. 环爪式轴承拉拔器利用____。使用时先将____，另一端对合在支座的台肩上，再持____。

3. 拉杆式滚动轴承拉拔器利用专用拉杆拉出轴承时，先将拉杆插入滚珠轴承内、外圈之间，再插入____。

4. 冲子主要用来传递____________________，以压入或压出机件，冲中心孔、圆孔、铆合铆钉等。

5. 中心冲又叫____________________，用于在金属件上打浅眼，以便于钻孔。也用于____。

6. 平头冲大都用来____________________。拆装衬套类机件（铜套、油封、活塞销等）的平头冲由 3 部分组成：______________________________________。当导向部分直径较大时，为减轻重量，可加工成中空结构。通常用低碳钢制作，不用热处理。加工时应注意导向部分与冲压部分的同轴度。

7. 千斤顶是用来______________________________________。汽车维修作业中常用的有：____。

8. 千斤顶是利用____，即液体各处的压强是一致的，在平衡的系统中，比较小的活塞上面施加的压力比较小，而大的活塞上施加的压力______________________________________，这样能够保持液体的静止。通过液体的传递，可以得到不同端上的不同的压力，从而达到一个变换的目的。

9. 各种液压千斤顶是利用____________________，通过大小不同的活塞，从而获得很大的液压力。

10. 写出图 1-38 所示各零件的名称。

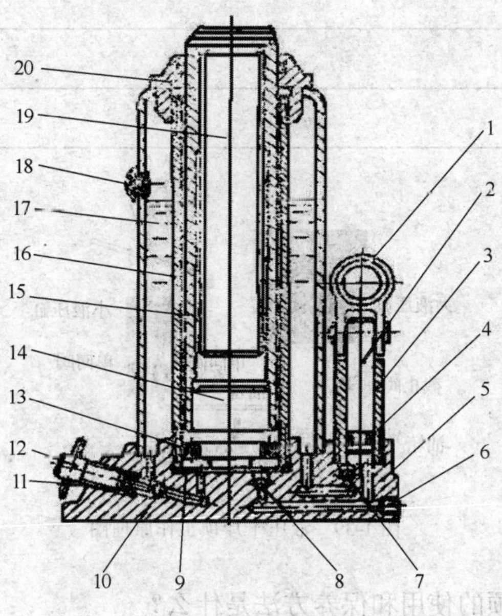

图 1-38　液压千斤顶的结构

1. ________　2. ________　3. ________　4. ________

5. ________　6. ________　7. ________　8. ________

9. ________　10. ________　11. ________　12. ________

13. ________　14. ________　15. ________　16. ________

17. ________　18. ________　19. ________　20. ________

11. 如图 1-39 所示，千斤顶由____

等部件组成。举升重物时：____

____。

再次提起手柄吸油时，单向阀在弹簧与外力的作用下关闭，________________

____

____

____

____

____。

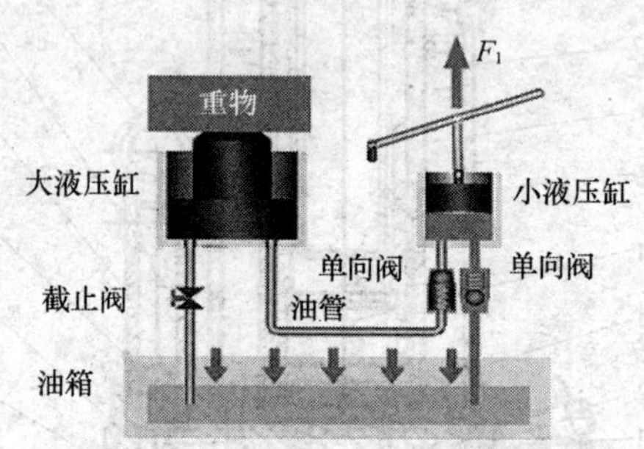

图 1-39　液压千斤顶工作原理图

12. 轻便式液压千斤顶的使用和保养方法是什么？

（1）顶车时千斤顶要保持与地面____________________。在____________________使用时，下面要垫木板。放低时，____。

（2）不能超起重量使用，____。

（3）严寒季节，千斤顶内油液会变稠而影响使用，可加热后再使用，但温度不要太高，以防____________________。有条件的，可采用仪器油，则不会生____________________。

（4）在无负荷时达不到规定的升高度，____

____。

13. 液压千斤顶的检查和加油方法是什么？

拆下外缸筒上的加油塞，____

____

____

____

____

____

____

____。

14. 写出图 1-40 所示各零件的名称。

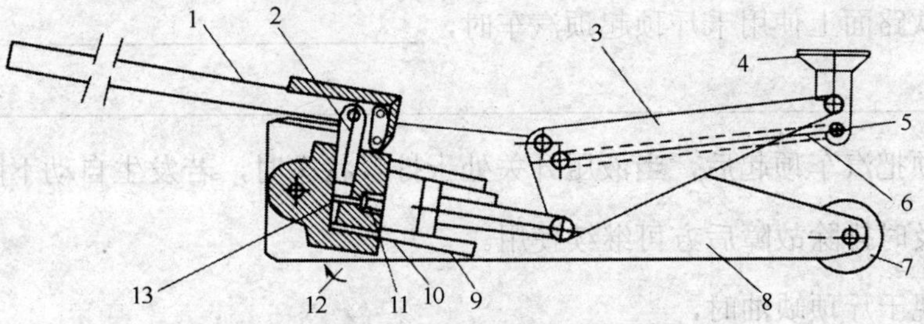

图 1-40 卧式液压千斤顶

1. ________ 2. ________ 3. ________

4. ________ 5. ________ 6. ________

7. ________ 8. ________ 9. ________

10. ________ 11. ________ 12. ________ 13. ________

15. 卧式液压千斤顶的工作油缸是卧倒（近于水平）安置的，和轻便式（立式）液压千斤顶相比，卧式液压千斤的________________。卧式千斤顶机架上装有轮子，移动方便，使用时________________，很适合汽车维修使用。

16. 一般把起重量 2t 和 2t 以下的卧式液压千斤顶称作小型卧式液压千斤顶。其液压部分与轻便式液压千斤顶基本相同，所不同的是________________。后轮是转向轮，主要负荷在前轮上。为了保证使用安全，这种千斤顶还带有________________，以防超载和超行程。

17. 千斤顶使用注意事项有哪些？

（1）顶起汽车前，应把千斤顶顶面擦拭干净，选择拉纽至上升位置，把千斤顶放置在被顶部位的下部，并使千斤顶与被顶部位相互垂直，以防千斤顶滑出而造成事故。

（2）旋转顶面螺杆，____。

（3）用________________，防止汽车在顶起过程中发生滑溜事故。

（4）用手上下压动千斤顶手柄，被顶汽车逐渐升到一定高度，在车架下放入搁车凳，禁止用________________。落车时，应先检查车下是否有障碍物，________________。

（5）汽车在起顶或下降过程中，禁止在汽车下面进行作业。应慢慢拧松液压开关，____。

（6）在松软路面上使用千斤顶起顶汽车时，____。

（7）千斤顶把汽车顶起后，当液压开关处于拧紧状态时，若发生自动下降故障，则应立即查找原因，及时排除故障后方可继续使用。

（8）如发现千斤顶缺油时，______________________________。

（9）____。

（10）千斤顶必须垂直放置，______________________________。

18. 架车凳又叫________________________。对架车凳的基本要求是：____________________________。长条凳式或方凳式架车凳，由于凳子的高度不能调整，又较笨重，已较少使用。

19. 架车凳按升降顶柱不同可分为_______________、_______________、_______________3 种。

20. 汽车举升的注意事项有哪些？

（1）____。

（2）____。

（3）____。

（4）____。

（5）____。

（6）____。

（7）____。

（8）____。

实践操作训练

一、参照教程补全以下操作步骤。

五菱小旋风（B 系列）货车举升

1. 准备

（1）在顶升前，要检查______________________________。

（2）确保__________________。将其放在车辆附近。

（3）将_________放在左前轮胎和右前轮胎的前面（车辆从后面顶升），如图 1-41 所示。

图 1-41　放置挡块

2. 举升

（1）将释放把手拧紧，__________________再提升车辆，注意它所面对的方向，如图 1-42 所示。

图 1-42　千斤顶举升车辆

（2）用__________________将千斤顶替换下来，如图 1-43 所示。

图 1-43　架车凳替换千斤顶

（3）用同样的方法将另一侧的车轮举起，用__________将千斤顶替换下来，如图 1-44 所示。

图 1-44　举升另一端

（4）用千斤顶重新将车顶起来，移除架车凳，将车缓缓放下，垫好三角木。

二、在实训车间完成举升汽车的操作。

要求：

（1）按照维修手册的要求将车轮固定好，确保在车被举起后汽车保持静止状态；

（2）按照要求将架车凳放到相应的位置，然后缓慢地将千斤顶放下并移出来；

（3）用千斤顶重新将车顶起来，移除架车凳，将车缓缓放下，垫好三角木；

（4）按规定操作，注意生产安全，任务完成后注意保持卫生。

考核

学生学习评价表

评价内容		自我评价（打分）	相互评价（打分）	教师评价（打分）
信息收集	理解任务或问题的程度			
	收集信息的完整性			
	对信息（知识）的领悟性			
制订计划	计划制订参与程度			
	计划的合理性及实用性			
修改计划	和老师怎么讨论计划			
	和老师讨论后，是否知道如何改进计划			
	计划修改后的完整性			

续表

评价内容		自我评价（打分）	相互评价（打分）	教师评价（打分）
实施	是否按计划进行工作			
	是否亲自实施计划			
	是否记录工作过程及结果			
检查	是否按计划的要求去完成任务			
	是否达到预期目标			
	整个工作流程是否与标准流程符合			
评价	按计划是否完成了任务或解决了问题			
	在哪个环节上可以改进			
	学习团队的合作情况			
总评				

一体化项目（任务）考核评分表

任课教师签字：

序号	考核内容	配分	评分标准	考核记录	扣分	得分
一	五菱微型卡车或者红塔轻卡汽车的举升	5	准备工具			
		5	用三角木将汽车垫好			
		10	用千斤顶将前桥左边顶起			
		10	用架车凳将千斤顶换下			
		10	用千斤顶将前桥右边顶起			
		10	用架车凳将右边千斤顶换下			
		10	检查车辆是否平稳、安全可靠			
		15	将顶起的车辆平稳地放下			
二	职业素养	10	课堂的纪律性			
		5	文明操作			
		5	工具及设备的整齐、清洁度			
三	基础知识填空	5	回答正确、书写工整、按时全部完成			
合计		100				

任务五 活塞与气门拆装工具

基础知识填空

1. 活塞环拆装钳是______________________________。维修发动机时，必须使用活塞拆装钳拆装活塞环。

2. 使用活塞环拆装钳拆装活塞环时，______________________________
______________________________。

3. 使用活塞环拆装钳拆装活塞环时，______________________________
______________________________。

活塞环要与钳面紧贴，______________________________
____

4. 气门弹簧拆装架是一种专门用于______________________________。

5. 使用气门弹簧拆装架时，将拆装架托架抵住气门，______________________________
__________，使得气门弹簧被压缩。这时可取下______________________________，即可取出气门弹簧座、气门弹簧和气门等。

6. 金属丝刷是______________________________。制造刷针的材料有两种：______________________________。钢丝刷针强度高、耐用，清洁速度也高，但容易刮伤零件的工作面。铜丝刷针的特点正相反。

7. 常用的板形金属丝刷有双面锉刀刷、钢丝刷两种。锉刀刷的刷针排列紧密，适宜用来消除锉刀上的金属屑，但不宜用来______________________。钢丝刷的刷针粗而稀，适宜______________________________。

8. 轮式金属丝刷又叫钢丝轮。市售的轮式金属丝刷夹板孔径为 20mm，刷宽为 20mm，轮径为 125～400mm 共 7 种规格。轮式金属丝刷可装在砂轮机上，也可以通过专用__________
______________________________。

9. 图 1-45（a）所示的金属丝刷是______________________，适宜______________________。图 1-45（b）所示的金属丝刷用来____________________。图 1-45（c）所示的金属丝刷适

于___________________。图 1-45（d）所示的金属丝刷是用来___________________，由于___________________，所以___________________。

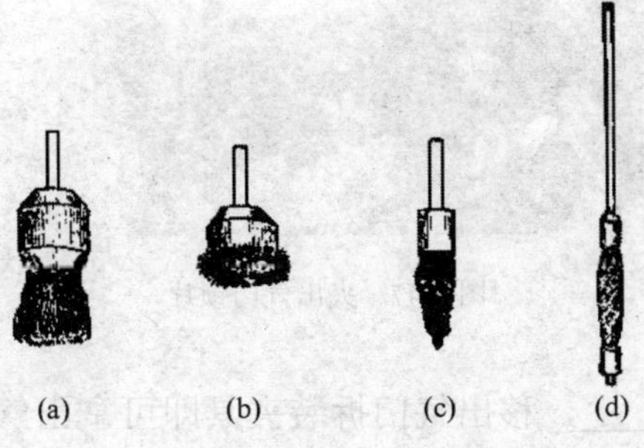

图 1-45　各种专用金属丝刷

10. 滑脂枪又称黄油枪，是一种专门用来____。

实践操作训练

一、参照教程补全以下操作步骤。

1. 用气门拆装夹具拆装气门组

（1）用___________________顶住气门头，_______________顶住气门弹簧座，转动螺杆手柄，压缩气门弹簧至露出气门锁片，如图 1-46 所示。

图 1-46

（2）用___________________夹出气门锁片，如图 1-47 所示。

图 1-47　夹出气门锁片

（3）____________________，移出气门拆装夹具即可拿出气门弹簧、弹簧座、气门及气门油封，如图 1-48 所示。注意油封可用鲤鱼钳夹住拔出来。

图 1-48　拿出气门弹簧

（4）逐一拆卸气门后，注意按顺序将拆下的配件放好。排气门和进气门都要____________________，锁片、气门弹簧、气门弹簧座要按缸放在一起，如图 1-49 所示，以免在装配时混装。

图 1-49　将拆下配件放好

2．用气门拆装夹具安装气门组

（1）清洗＿＿＿＿＿＿＿＿＿＿，并用压缩空气吹干净。

（2）分别在＿＿＿＿＿＿＿＿＿＿涂上一层机油。

（3）将气门按顺序插进气门导管内，安装＿＿＿＿＿＿＿＿＿＿。

（4）安装弹簧及气门弹簧座，用气门拆装夹具压缩气门弹簧至气门杆露出气门锁片槽。

（5）用＿＿＿＿＿＿＿＿＿＿夹住气门锁片（沾些黄油）放入气门弹簧座中，可使锁片粘在气门杆上。

（6）＿＿＿＿＿＿＿＿＿＿，气门锁片进入气门弹簧座的锥形内圈里。

（7）用方木垫起气缸盖，使气门头部有松动余地，用＿＿＿＿＿＿＿＿＿＿轻轻敲气门杆端部，检查气门锁片是否装好，＿＿＿＿＿＿＿＿＿＿，即为装好。

3．用活塞环钳拆装活塞环

（1）将＿＿＿＿＿＿＿＿＿＿紧贴活塞的顶部，钳口对准活塞环开口，如图 1-50 所示。

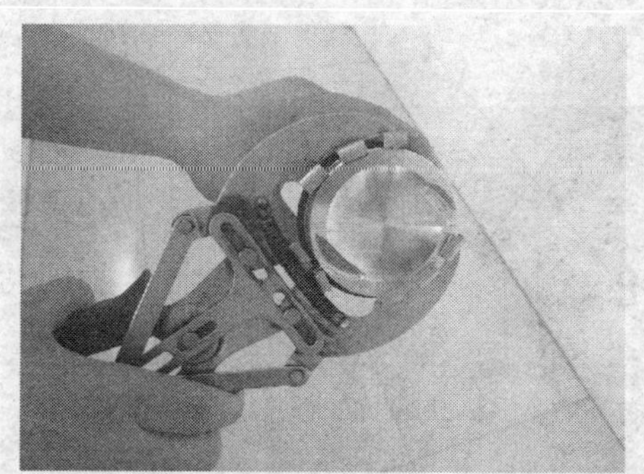

图 1-50　活塞环钳夹住活塞环

（2）＿＿＿＿＿＿＿＿＿＿，当活塞环全部脱离活塞后，慢慢向上移动，直到活塞环离开活塞，如图 1-51 所示。

图 1-51　活塞环脱离活塞

（3）安装时，先将活塞环紧贴在活塞环钳上面，同时慢慢压缩活塞环钳，使活塞环固定在活塞环钳上，如图 1-52 所示。

图 1-52　活塞环固定在活塞环钳上

（4）压缩活塞环钳，________________时，缓慢平整的放入活塞环槽内，如图 1-53 所示。

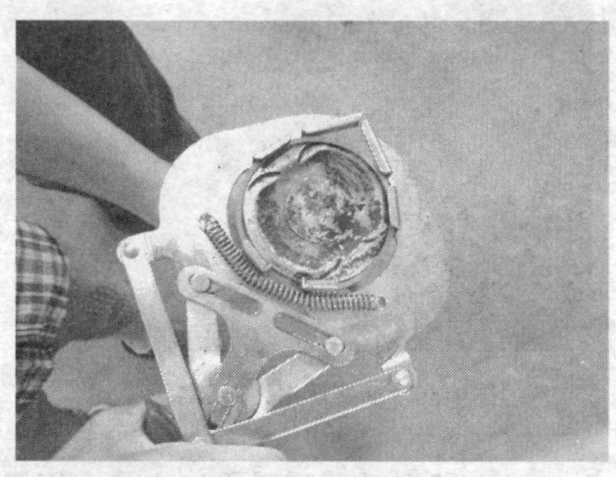

图 1-53　将活塞环放入活塞环槽内

二、在实训车间完成利用活塞环拆装钳拆装活塞的气环，利用气门弹簧拆装架拆装汽缸盖气门、锁片、气门座等零部件的实际操作。

要求：

1. 按照维修手册的要求将活塞环进行拆装；

2. 按照维修手册的要求将汽缸盖气门零部件进行拆装；

3. 按规定操作，注意生产安全，任务完成后注意保持卫生。

考核

学生学习评价表

评价内容		自我评价（打分）	相互评价（打分）	教师评价（打分）
信息收集	理解任务或问题的程度			
	收集信息的完整性			
	对信息（知识）的领会性			
制订计划	计划制订参与程度			
	计划的合理性及实用性			
修改计划	和老师怎么讨论计划			
	和老师讨论后，是否知道如何改进计划			
	计划修改后的完整性			
实施	是否按计划进行工作			
	是否亲自实施计划			
	是否记录工作过程及结果			
检查	是否按计划的要求去完成任务			
	是否达到预期目标			
	整个工作流程是否与标准流程符合			
评价	按计划是否完成了任务或解决了问题			
	在哪个环节上可以改进			
	学习团队的合作情况			
总评				

一体化项目（任务）考核评分表

任课教师签字：

序号	考核内容	配分	评分标准	考核记录	扣分	得分
一	活塞环及气门的拆装	5	准备工具			
		5	用活塞环钳拆卸第一道气环			
		5	用活塞环钳拆卸第二道气环			
		10	用气门压缩工具压缩气门弹簧至露出气门锁片			
		10	用尖嘴钳（或一字螺丝刀）夹出气门锁片			
		10	放松气门弹簧后，移出气门拆装工具			
		5	拿出气门弹簧、弹簧座、气门及气门油封等零部件			
		15	按相反的顺序装好气门的零部件			
		10	按相反的顺序装好活塞环			
二	职业素养	10	课堂的纪律性			
		5	文明操作			
		5	工具及设备的整齐、清洁度			
三	基础知识填空	5	回答正确、书写工整、按时全部完成			
合计		100				

任务六 汽车电气检测仪表工具

基础知识填空

1. 万用表由表头、测量电路及转换开关 3 个主要部分组成。万用表是电子测试领域最基本的工具，也是一种使用广泛的测试仪器。万用表又叫多用表、三用表（A、V、Ω即电流、电压、电阻三用）、复用表、万能表。万用表分为________________还有一种带示波器功能的示波万用表，是一种多功能、多量程的测量仪表。一般万用表可测量直流电流、________________等，有的还可以测交流电流、电容量、电感量、温度及半导体（二极管、三极管）的一些参数。数字式万用表________________与模拟式仪表相比，数字式仪表灵敏度高，精确度高，显示清晰，过载能力强，便于携带，使用也更方便简单。

2. 万用表的基本原理是利用________________。当微小电流通过表头，就会有电流指示。但表头不能通过大电流，所以，必须在表头上并联与串联一些电阻进行分流或降压，从而测出________________。

3. 指针式万用表可用来测量________、________、________等。汽车维修中常用万用表来测量________________等，以判断电路的通断和电气设备的技术情况。

4. 使用万用表时应注意什么？

正确地使用开关，________________。由于万用表所能测量的电流强度很小，________________，所以在汽车维修中不用它来________________。

同时要注意：________________!!!

5. 电阻的测量方法是什么？

表盘上有几种电量的刻线，测量时应弄清从哪一道刻线读数和如何处理读数。电阻的测量方法。将开关转到________________。将两触针的一端插入________________插孔中，另一端直接接触短路，________________。

6. 直流电压的测量方法是什么？

将开关转到直流电压（V）挡的适当位置。注意触针的________要和电路两端的正负一致，否则指针反摆，________。从“D-C”刻线上读数。如果电压挡在“50”位置，那么该道刻线满量程是50V，每小格是1V。在测量电压前，如果表针不在零位，可转动表盘下面带有起子口的螺钉来调整指针归零。

7. 交流电压的测量方法是什么？

与直流电压基本相同，只需将选择开关转到交流电压（V～）挡的适当位置。被测电压10V以上，应从第三道刻线“A≈C”上读数，若被测电压在______________，则应从第四道刻线“AC10V”上读数。

8. 数字万用表是一种新型的__________________________，特别是近年来迅速得到推广和普及，在许多情况下正在逐步取代模拟万用表。

9. 请写出图1-54所示各部分的名称。

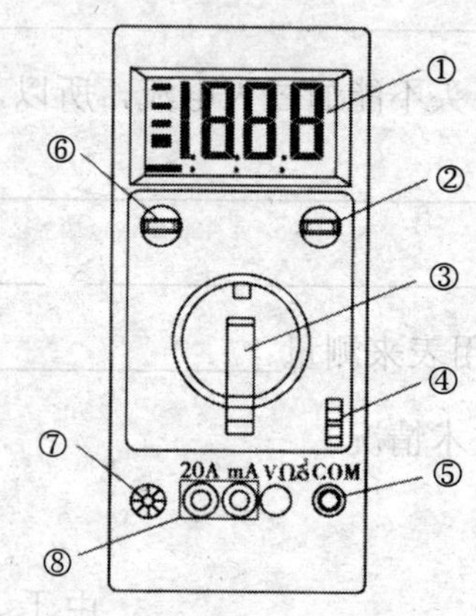

图1-54　DY2201型数字万用表操作示意图

1. ____________　2. ____________　3. ____________　4. ____________

5. ____________　6. ____________　7. ____________　8. ____________

10. 用数字万用表测量直流电压。

（1）将功能/量程开关置于____。

（2）将黑表笔插入____________________，红表笔插入_______________________。将表笔并联接在____________________上，仪表在显示电压读数的同时会指示出红表笔的极性。

11. 用数字万用表测量电压时的注意事项。

（1）在测量之前如果不知被测电压范围时，应____________________________________。

（2）当只显示最高位“1”时，____。

（3）表示不要测量高于1000V的电压，____。

（4）测量高压时应______________________________。

12. 用数字万用表测量交流电压。

（1）将功能/量程开关置于______________________________；

（2）将黑表笔插入 COM 插孔，红表笔插入显露的表笔插孔（VΩ插孔），并将表笔并联接在______________________________，仪表即显示电流读数。

13. 用数字万用表测量直流电流。

（1）将功能/量程开关置于______________________________；

（2）将黑表笔插入 COM 插孔，红表笔插入______________________________。将测试表笔串入被测电路中，仪表显示电流读数的同时会指示出红表笔的极性。

14. 用数字万用表测量电阻。

（1）将功能/量程开关置于______________________________；

（2）将黑表笔插入 COM 插孔，红表笔插入______________________________，将测试表笔跨接在______________________________。

15. 用数字万用表测量电阻时的注意事项。

（1）当输入开路时，______________________________。

（2）当被测电阻在 1MΩ以上时，______________________________
______________________________。

（3）检测在线电阻时，______________________________
______________________________。

16. 试灯由______________________________组成。

17. 试灯法因____________________，携带方便而经常使用在汽车______________________________上。还可以代替______________________________。

18. 电子点火器基本电路内部主要是一个晶体管开关电路。由磁电线圈、霍尔传感器、或者电脑 ECU 的 IGT 信号去触发其导通或截止，从而控制点火线圈初级电流的通断，实现高压点火。

19. 检测电子点火器是否存在故障时，可采用一试灯接于点火线圈____________________之间，拔下______________________________，
______________________________，

____。试灯如果仍然不亮或长亮不闪，说明______________________________。也可用2个3～5W的汽车仪表灯泡分别与电子点火器的“1”端与“2”端串联后再接至蓄电池正极，(______________________)，这样，灯泡②代替____________，作为点火器内部功率______________________________（注意：______________________________），另一个灯泡①作为________________________。由于内部电路的电流小，在该灯泡上的____________，只会使____________，并不影响其前置放大功能。然后，________________________，将使灯泡②闪亮。如果灯泡②不闪亮，________________________。灯泡②如果仍然不亮或长亮不闪，说明________________________。这里用了两个3～5W的灯泡做了保护与指示，正常闪亮发光的是“2”端，晶体管集电极，电流大；____________，内部前置电路，电流小。由于串联两个灯泡，无论怎样，________________________。也可以将点火线圈与点火器的导线连接器插接好，用电压表或示波器检查发动机ECU端子间的电压。

实践操作训练

参照教程补全以下操作步骤，并按步骤完成实际操作，将测量结果填入表1-2中。

1. 起动机电磁开关检测

（1）准备工具（____________等），将表笔插入相应的插孔中。

（2）打开万用表开关。

（3）检查万用表，将万用表的功能开关置于____________，____________。此时万用表应发出蜂鸣声。否则万用表就不能使用。

（4）将功能开关置于所需量程范围____________。

（5）测量发电机电磁开关的吸引线圈的电阻。一表笔接触____________，另一表笔接触____________，如图1-55所示。标准吸引线圈的电阻值为____________，若电阻值____________，说明吸引线圈有短路或有断路故障，需要更换。

图 1-55　吸引线圈电阻的检查

（6）测量保持线圈电阻。一表笔接触____________________，另一表笔__________________，如图 1-56 所示。标准保持线圈的电阻值为______________________。若电阻值____________________，说明保持线圈有短路或有断路故障，需要更换。

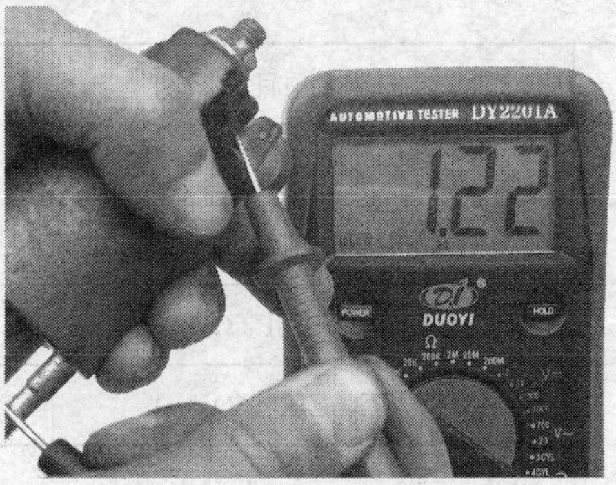

图 1-56　检查保持线圈

（7）测量电磁开关的接触情况。将万用表的功能开关置于____________________，两表笔分别连接到电磁开关的接线柱上，同时用力压下铁芯，如图 1-57 所示。

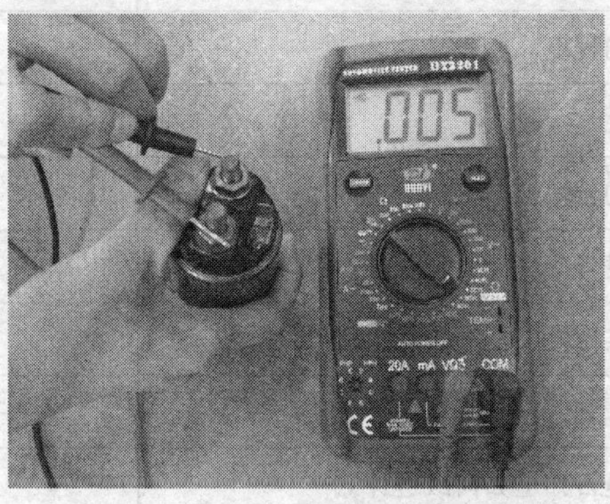

图 1-57　检测电磁开关接触情况

2．利用数字万用表测量蓄电池电压

将万用表的功能开关置于＿＿＿＿＿＿＿＿＿，两表笔分别连接到蓄电池的正负极，查看读数，如图 1-58 所示。

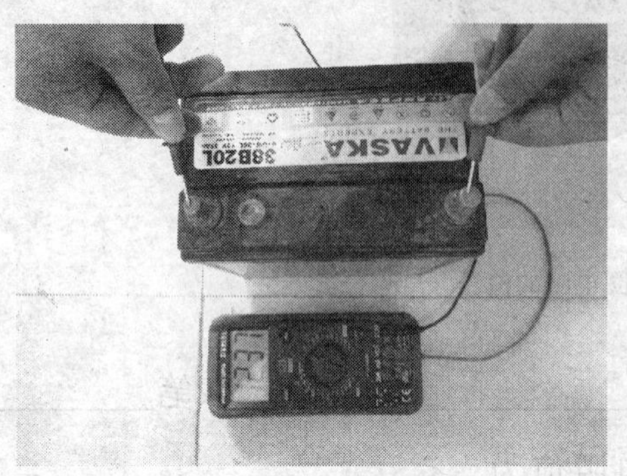

图 1-58　测量蓄电池电压

表 1–2

序号	测量项目	测量数值
1	吸引线圈电阻（Ω）	
2	保持线圈电阻（Ω）	
3	触点开关电阻（Ω）	
4	蓄电池电压（V）	

考核

学生学习评价表

评价内容		自我评价（打分）	相互评价（打分）	教师评价（打分）
信息收集	理解任务或问题的程度			
	收集信息的完整性			
	对信息（知识）的领悟性			
制订计划	计划制订参与程度			
	计划的合理性及实用性			
修改计划	和老师怎么讨论计划			
	和老师讨论后，是否知道如何改进计划			
	计划修改后的完整性			

续表

评价内容		自我评价（打分）	相互评价（打分）	教师评价（打分）
实施	是否按计划进行工作			
	是否亲自实施计划			
	是否记录工作过程及结果			
检查	是否按计划的要求去完成任务			
	是否达到预期目标			
	整个工作流程是否与标准流程符合			
评价	按计划是否完成了任务或解决了问题			
	在哪个环节上可以改进			
	学习团队的合作情况			
总评				

一体化项目（任务）考核评分表

任课教师签字：

序号	考核内容	配分	评分标准	考核记录	扣分	得分
一	用数字万用表测量电阻和直流电压	5	准备工具、零件			
		5	插好表笔连线			
		5	打开电源开关			
		10	选择量程			
		10	校核仪器			
		15	测量电磁开关的电阻			
		15	测量蓄电池的直流电压			
		10	整理工具、零件			
二	职业素养	10	课堂的纪律性			
		5	文明操作			
		5	工具及设备的整齐、清洁度			
三	基础知识填空	5	回答正确、书写工整、按时全部完成			
合计		100				

项目二 2 量具

任务一 钢直尺、内外卡钳、塞尺及刀口尺

基础知识填空

1. 钢直尺是最简单的长度量具，它的长度有________________________共 4 种规格。

2. 钢直尺用于测量零件的长度尺寸，它的测量结果__________________。这是由于________________，而刻线本身的宽度就有 0.1～0.2mm，所以测量时读数误差比较大，只能读出毫米数，即它的最小读数值为 1mm，比 1mm 小的数值只能估计而得。

3. 卡钳是最简单的比较量具，有内卡钳和外卡钳之分。外卡钳是用来测量外径和平面的，内卡钳是用来测量____________________________。图 2-1 所示为常见的两种内外卡钳。

(a) 内卡钳　　(b) 外卡钳

图 2-1　内外卡钳

4. 卡钳开度的调节，首先检查钳口的形状，____________________________影响很大，应注意经常修整钳口的形状。调节卡钳的开度时，应轻轻敲击卡钳脚的两侧面。先用________________________的开口，然后轻敲卡钳的外侧来减小卡钳的开口，________________________的开口。但不能直接敲击钳口，这会因卡钳的钳口损伤测量面而引起测量误差。更不能在机床的导轨上敲击卡钳。

5. 外卡钳的使用，外卡钳在钢直尺上取下尺寸时，如图 2-2（a）所示，一个钳脚的测量面靠在钢直尺的端面上，另一个钳脚的测量面对准所需尺寸刻线的中间，且两个测量面的连线应与钢直尺平行，人的视线要垂直于钢直尺。

用外卡钳测量外径，就是________________________的松紧程度，如图 2-2（b）所示，以卡钳的自重能刚好滑下为宜。如当卡钳滑过外圆时，手没有感觉到卡钳触碰了被测物，就说明外卡钳比零件外径尺寸大，如靠外卡钳的自重不能滑过零件外圆，就说明外卡钳比零件外径尺寸小。不可将________________________，这样有误差，如图 2-2（c）所示。由于卡钳有弹性，不能将外卡钳用力压过外圆，更不能把卡钳横着卡上去，如图 2-2（d）所示。对于大尺寸的外卡钳，靠自重滑过零件外圆的测量压力太大，此时应托住卡钳进行测量，如图 2-2（e）所示。

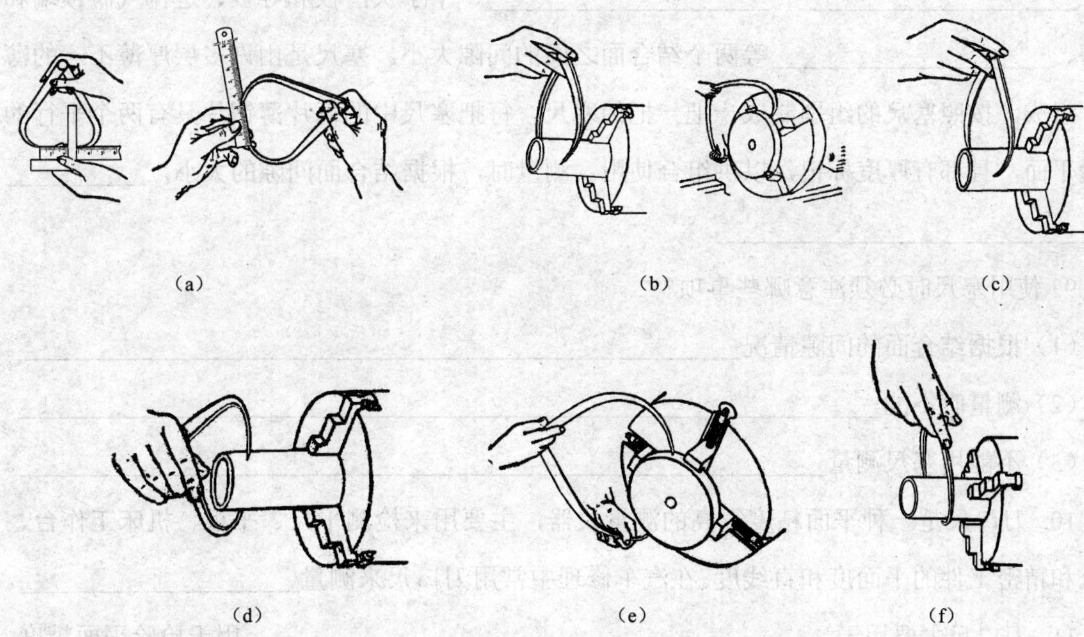

图 2-2　用外卡钳在钢直尺上取尺寸和测量外径

6. 内卡钳的使用，用内卡钳测量内径时，应将钳脚的测量面放在孔壁上作为支点（见图 2-3（a）），上面的钳脚由________________________，并沿孔壁圆周方向摆动，当沿孔壁圆周方向能摆动的距离为最小时，则表示内卡钳脚的两个测量面已处于内孔直径的两端点了，如图 2-3（b）所示。

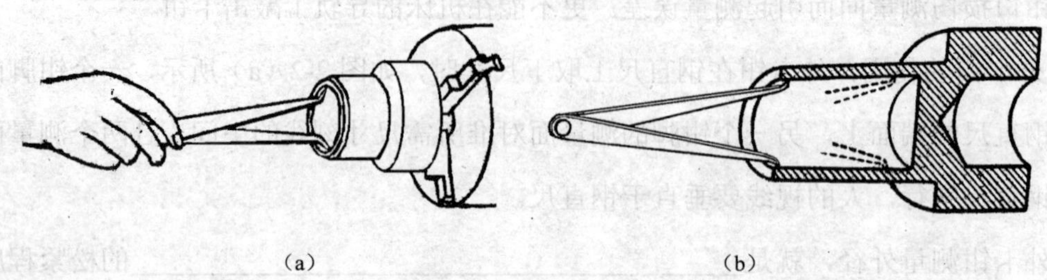

（a）　　（b）

图 2-3　内卡钳测量方法

7. 卡钳是一种简单的量具，它具有结构简单、制造方便、价格低廉、维护和使用方便等特点，被广泛应用于____________和检验。尤其是对锻铸件毛坯尺寸的测量和检验，卡钳是最合适的测量工具。

8. 塞尺又称____________。主要用来检验机床特别紧固面和紧固面、____________、____________、十字头滑板和导板、进排气阀顶端和摇臂、____________等两个结合面之间的间隙大小。塞尺是由许多层厚薄不一的薄钢片组成，按照塞尺的组别制成一把一把的塞尺，每把塞尺中的每片薄钢片具有两个平行的测量平面，且都有厚度标记，以供组合使用。测量时，根据结合面间隙的大小，____________。

9. 使用塞尺时必须注意哪些事项？

（1）根据结合面的间隙情况____________。

（2）测量时不能____________。

（3）不能用塞尺测量____________。

10. 刀口尺是一种平面精度很高的测量仪器，主要用来检测平尺、平板、机床工作台、导轨和精密工件的平面度和直线度。在汽车修理中常用刀口尺来测量____________。

11. 刀口尺主要用于____________，用于检验平面精度。它具有结构简单，____________。

12. 刀口尺材质按客户不同需求分为____________两种。镁铝合金刀口尺重量轻，使用方便，不易变形，不会生锈，易于保管。

实践操作训练

一、参照教程补全以下操作步骤。

1. 利用刀口尺和塞尺测量发动机气缸盖的平面度。

（1）将被测零部件和工具清洁干净。

（2）将____________________垂直放置在气缸盖上，用____________________测量各测量点，如图 2-4 所示。若薄的塞尺通过此点，则更换厚一点的，直到塞尺不能通过为止，此时通过的塞尺的厚度即为气缸盖的间隙。如 0.05mm 的塞尺能通过，0.06mm 的塞尺不能通过，那此处的间隙为：0.05～0.06mm。

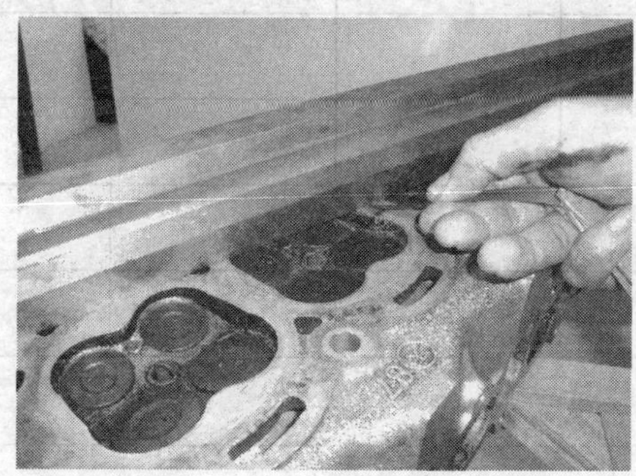

图 2-4　用刀口尺和塞尺测量气缸平面度

2. 用塞尺测量发动机气门间隙

（1）有摇臂的气门间隙测量方法：____，如图 2-5 所示。

（2）凸轮轴直接驱动气门的气门间隙测量方法：____________________，如图 2-6 所示。

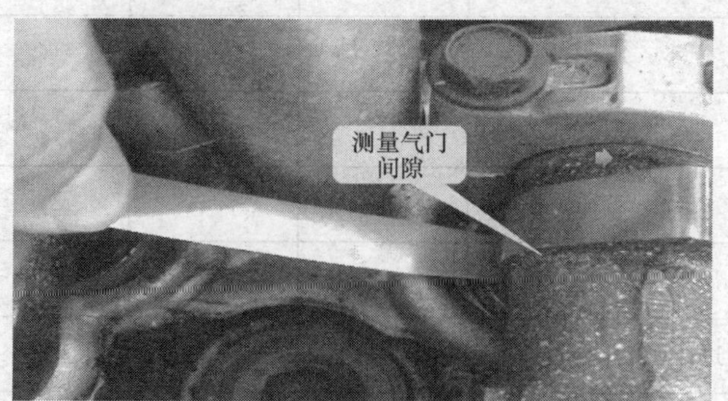

图 2-5　测量凸轮轴直接驱动气门的气门间隙

图 2-6　测量有摇臂的气门间隙

二、参照教程在实训车间完成实际操作，并将测量结果填入表 2-1 中。

1. 利用刀口尺和塞尺测量发动机气缸盖的平面度。

2. 用塞尺测量发动机气门间隙。

要求：按规定操作，注意生产安全，任务完成后注意保持卫生。

表 2-1 气缸盖测量数值记录表

位置	测量值					平面度
1						
2						
3						
4						
5						
6						
结论及判断：						

考核

学生学习评价表

评价内容		自我评价（打分）	相互评价（打分）	教师评价（打分）
信息收集	理解任务或问题的程度			
	收集信息的完整性			
	对信息（知识）的领悟性			
制订计划	计划制订参与程度			
	计划的合理性及实用性			
修改计划	和老师怎么讨论计划			
	和老师讨论后，是否知道如何改进计划			
	计划修改后的完整性			
实施	是否按计划进行工作			

续表

评价内容		自我评价 （打分）	相互评价 （打分）	教师评价 （打分）
实施	是否亲自实施计划			
	是否记录工作过程及结果			
检查	是否按计划的要求去完成任务			
	是否达到预期目标			
	整个工作流程是否与标准流程符合			
评价	按计划是否完成了任务或解决了问题			
	在哪个环节上可以改进			
	学习团队的合作情况			
总评				

一体化项目（任务）考核评分表

任课教师签字：

序号	考核内容	配分	评分标准	考核记录	扣分	得分
一	利用刀口尺和塞尺测量发动机气缸盖的平面度、气门间隙	5	准备工具			
		5	清洁被测零部件和工具干净			
		15	将刀口尺垂直放置在气缸盖上，用塞尺测量各测量点			
		15	用同样的方法测量另外 5 个方向的间隙			
		15	将所测量的数据填入表格中，计算平面度			
		10	用手将摇臂往上拉起，塞尺测量气门间隙			
		10	凸轮轴直接驱动的则直接用塞尺测量			
二	职业素养	20	课堂的纪律性			
		5	文明操作			
		5	工具及设备的整齐、清洁度			
三	基础知识填空	5	回答正确，书写工整体，按时全部完成			
合计		100				

任务二 游标读数量具

基础知识填空

1. 应用游标读数原理制成的量具有：游标卡尺，高度游标卡尺、深度游标卡尺、游标量角尺（如万能量角尺）和齿厚游标卡尺等，用以测量零件的＿＿＿＿＿＿＿＿、宽度，厚度、＿＿＿＿＿＿＿＿、角度以及齿轮的齿厚等，应用范围非常广泛。

2. 游标卡尺是一种常用的量具，具有＿＿＿＿＿＿＿＿尺寸范围大等特点，可以用它来测量零件的＿＿＿＿＿＿＿＿＿＿＿＿＿＿＿＿＿＿＿＿＿＿＿＿＿＿＿＿＿＿＿＿＿＿＿＿＿＿。

3. 游标卡尺结构形式。

（1）测量范围为 0～125mm 的游标卡尺，制成带有＿＿＿＿＿＿＿＿＿＿＿＿＿＿＿＿＿＿＿＿＿＿＿＿＿＿＿＿＿＿＿＿＿＿＿＿。

（2）测量范围为 0～200mm 和 0～300mm 的游标卡尺，可制成带有内外测量面的＿＿＿＿＿＿＿＿＿＿＿＿＿＿＿＿＿＿＿＿＿＿＿＿＿＿＿＿＿＿＿＿＿＿＿＿。

（3）测量范围为 0～200mm 和 0～300mm 的游标卡尺，也可制成＿＿＿＿＿＿＿＿＿＿＿＿＿＿＿＿＿＿＿＿＿＿＿＿＿＿＿＿＿＿＿＿＿＿＿＿。

4. 请写出图 2-7 中所标位置的名称。

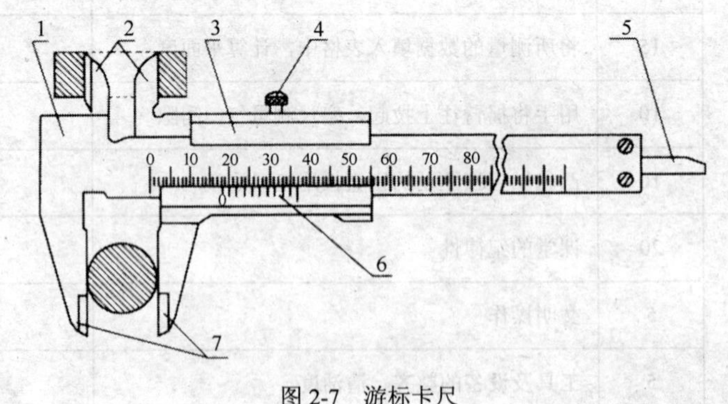

图 2-7 游标卡尺

1. ＿＿＿＿＿＿ 2. ＿＿＿＿＿＿ 3. ＿＿＿＿＿＿

4. ＿＿＿＿＿＿ 5. ＿＿＿＿＿＿ 6. ＿＿＿＿＿＿ 7. ＿＿＿＿＿＿

5. 带表卡尺（见图 2-8）是以精密齿条、齿轮的齿距作为已知长度，以带有相应分度的指示表作为放大、细分和指示部分的大型手携式长度测量工具。带表卡尺能解决游标卡尺的读数误差问题。由于表上的读数是通过齿轮传动得到的，所以在使用时要慢慢拉动尺框以免产生人为测量的误差。常见的最小读数值有＿＿＿＿＿＿＿＿和＿＿＿＿＿＿＿＿两种。

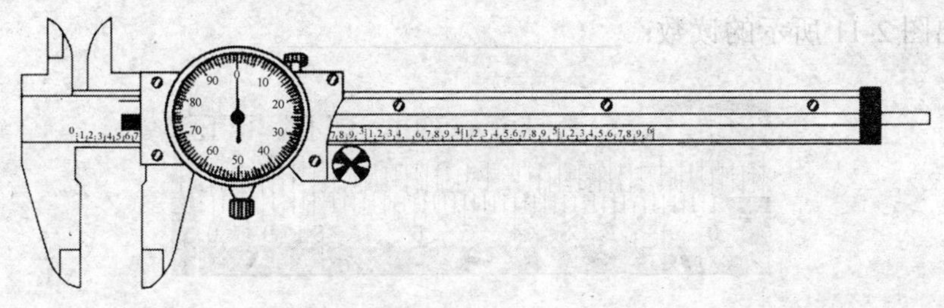

图 2-8 带表卡尺

6. 电子数显卡尺（见图 2-9）是利用＿＿＿＿＿＿＿＿＿＿＿＿，对两测量面相对移动分隔的距离进行读数的测量器具。它采用容栅、磁栅等测量系统，以数字显示测量示值的长度。常用的分辨率为 0.01mm，允许误差为＿＿＿＿＿＿＿＿；也有分辨率为 0.005mm 的高精度数显卡尺，允许误差为＿＿＿＿＿＿＿＿；还有分辨率为 0.001mm 的多用途数显千分卡尺（这是安一量具的国家专利，只有他们能够生产），允许误差为＿＿＿＿＿＿＿＿。由于读数直观、清晰，测量效率较高。

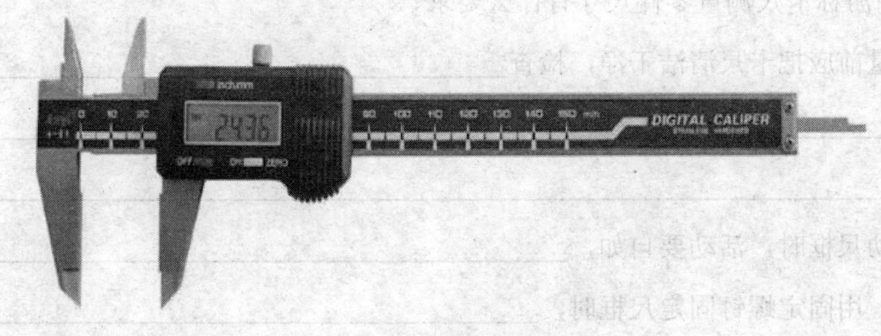

图 2-9 电子数显卡尺

7. 游标卡尺的读数机构是由＿＿＿＿＿＿＿＿＿＿＿＿＿＿＿＿两部分组成。当活动量爪与固定量爪贴合时，＿＿＿＿＿＿＿＿＿＿＿＿＿＿＿＿，此时量爪间的距离为“0”，当尺框向右移动到某一位置时，固定量爪与活动量爪之间的距离，就是＿＿＿＿＿＿＿＿＿＿＿＿＿＿＿＿＿＿＿＿＿＿＿＿＿＿＿＿。

8. 请写出图 2-10 所示的的读数：＿＿＿＿＿＿＿＿。

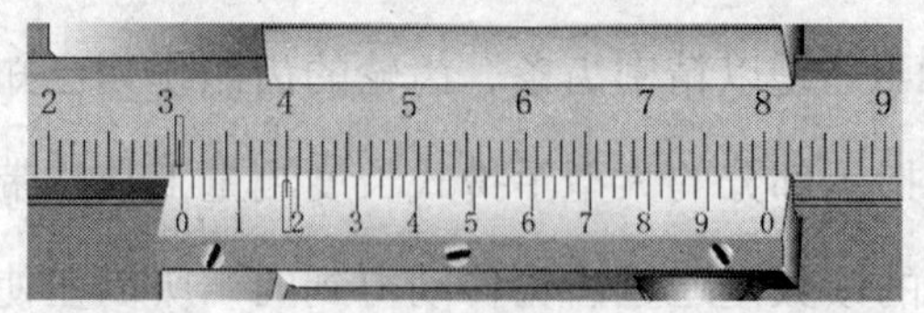

图 2-10

9. 请写出图 2-11 所示的读数：____________________。

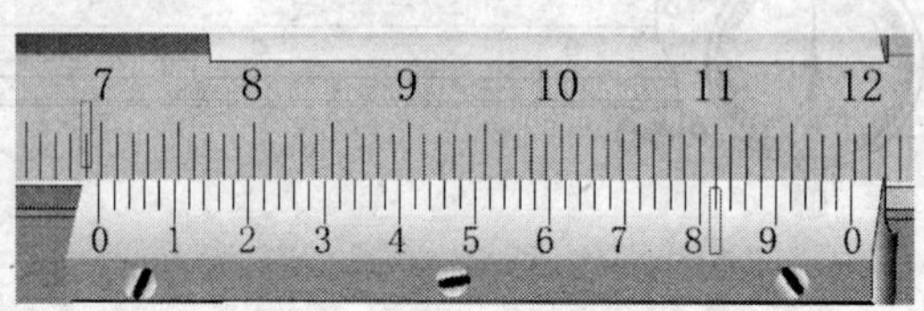

图 2-11

10. 测量或检验零件尺寸时，要按照零件尺寸的精度要求，____________。游标卡尺是一种中等精度的量具，它只适用于________________。用游标卡尺去测量________________________。前者容易损坏量具，后者测量精度达不到要求，因为量具都有一定的示值误差。

11. 游标卡尺的示值误差，就是________________________，卡尺本身就可能产生这些误差。

12. 使用游标卡尺测量零件尺寸有什么要求？

（1）测量前应把卡尺清洁干净，检查____。

（2）移动尺框时，活动要自如，________________________，更不能有晃动现象。用固定螺钉固定尺框时，________________________。在移动尺框时，不要忘记________________________。

（3）当测量零件的外尺寸时，________________________，不能歪斜。测量时，________________________，否则，将使测量结果比实际尺寸要大。

（4）当测量零件的内尺寸时，要使量爪分开的距离小于所测内尺寸，进入零件内孔后，________________________，用固定螺钉固定尺框后，轻轻取出卡尺来读数。取出量爪时，用力要均匀，并使卡尺沿着孔的________________，以免使量爪扭伤、变形和受到不必要的磨损，同时会使尺框走动，影响测量精度。

（5）用下量爪的外测量面测量内尺寸时，在读取测量结果时，一定要把量爪的。即____________________。

（6）用游标卡尺测量零件时，____。

（7）为了获得正确的测量结果，____________________。

13. 使用游标卡尺时有哪些注意事项？

（1）测量前，____。

（2）测量小型工件，左手持工件，右手操作卡尺；测量大型工件，应用两手操作卡尺。测量时，____________________。

（3）使用带微动装置的游标卡尺时，____________________。

（4）使用圆柱形量面的卡尺时，____________________。

（5）不允许用____________________。

实践操作训练

用游标卡尺检查离合器片总成（操作步骤参见教程），将测量数据记录在表 2-2 中。

表 2-2　　测量数据记录表

	测量位置 1	测量位置 2	测量位置 3	测量位置 4
铆钉头部深度				
膜片弹簧深度				
膜片弹簧宽度				
齿轮的外径				

（1）用游标卡尺，测量铆钉头部深度。深度为____________________。

（2）用游标卡尺检查膜片弹簧磨损的深度和宽度，分别为______________________________。

（3）用游标卡尺测量齿轮的外径为____________________。

考核

学生学习评价表

评价内容		自我评价（打分）	相互评价（打分）	教师评价（打分）
信息收集	理解任务或问题的程度			
	收集信息的完整性			
	对信息（知识）的领悟性			
制订计划	计划制订参与程度			
	计划的合理性及实用性			
修改计划	和老师怎么讨论计划			
	和老师讨论后，是否知道如何改进计划			
	计划修改后的完整性			
实施	是否按计划进行工作			
	是否亲自实施计划			
	是否记录工作过程及结果			
检查	是否按计划的要求去完成任务			
	是否达到预期目标			
	整个工作流程是否与标准流程符合			
评价	按计划是否完成了任务或解决了问题			
	在哪个环节上可以改进			
	学习团队的合作情况			
总评				

一体化项目（任务）考核评分表

任课教师签字：

序号	考核内容	配分	评分标准	考核记录	扣分	得分
一	用游标卡尺检查离合器片总成	5	准备工具			
		5	清洁被测零部件和工具			
		20	用游标卡尺测量铆钉头部深度			
		20	用游标卡尺检查膜片弹簧磨损的深度和宽度			
		15	用游标卡尺测量齿轮的外径			
		10	将所测数据填入表中			
二	职业素养	10	课堂的纪律性			

续表

序号	考核内容	配分	评分标准	考核记录	扣分	得分
		5	文明操作			
		5	工具及设备的整齐、清洁度			
三	基础知识填空	5	回答正确、书写工整、按时全部完成			
合计		100				

任务三 螺旋测微量具

基础知识填空

1. 千分尺的种类很多，常用的有________、________、________、________和________等，并分别测量或检验零件的外径、内径、深度、厚度、螺纹的中径和齿轮的公法线长度等。

2. 常用千分尺由________、________、________和________等组成。

3. 千分尺测微螺杆的移动量为________，所以千分尺的测量范围一般为0～25mm。目前，国产千分尺测量范围的尺寸分段为________________等。

4. 刻度原理。在固定刻度套筒轴向刻有________，基线的上、下方都刻有毫米刻线，________。微分筒的圆锥面上刻有50个等分格。由于测微螺杆和固定刻度套筒的螺距都是________mm，所以当微分筒旋转一圈时，测微螺杆________，同时微分筒就________。当微分筒转动一格（即1/50圈）时，测微螺杆就移动________，所以千分尺的测量精度为________。

5. 用千分尺测量零件的尺寸，就是把被测零件置于千分尺的两个测量面之间。________________，就是零件的测量尺寸。

6. 千分尺的读数方法是什么？

（1）________________________。

（2）读出微分筒上的尺寸，要看清微分筒圆周上哪一格与固定套筒的中线基准对齐，____。

（3）____。

7. 请分别写出图 2-12～图 2-15 所示的读数。

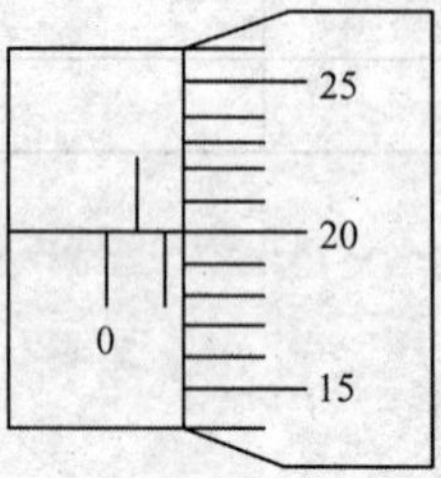

图 2-12

____

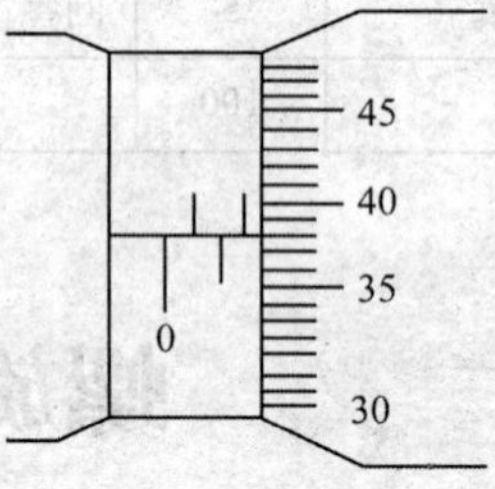

图 2-13

____

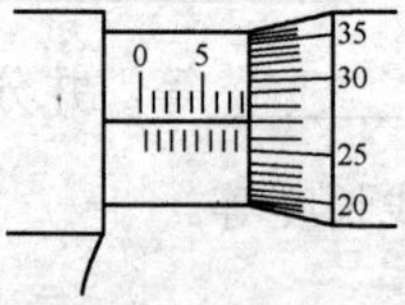

图 2-14

____

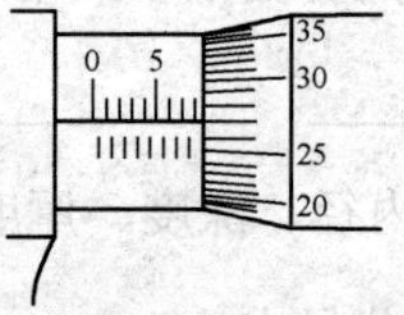

图 2-15

____

8. 千分尺在使用过程中，由于磨损，特别是使用不当时，____。

9. 校正千分尺的零位，就是____________________，容易造成产品质量事故。所以，在使用千分尺的过程中，____________________。

10. 如果零位没对准是由于微分筒的零线没有对准固定套筒的中线，也必须进行校正。可用千分尺的____________________，____。但当微分筒的零线相差较大时，不应当采用此法调整，而应该采用松开测力装置转动微分筒的方法来校正。

（1）如果误差低于 0.02mm。____。

（2）如果误差大于 0.02mm。使锁销啮合以便固定轴。用＿＿。

11. 调整千分尺的间隙。千分尺在使用过程中，由于磨损等原因，＿＿。

12. 使用千分尺测量零件尺寸时，必须注意下列几点。

（1）使用前，＿＿＿＿＿＿＿＿＿＿＿＿＿＿＿＿，使两测砧面接触（若测量上限大于 25mm 时，在两测砧面之间放入校对量杆或相应尺寸的量块），接触面上应没有＿＿＿＿＿＿＿＿＿＿＿＿＿＿＿＿＿＿＿＿＿＿＿＿＿＿＿＿，＿＿＿＿＿＿＿＿＿＿＿＿＿＿＿＿＿＿＿＿＿＿＿＿＿＿＿＿＿＿＿＿＿＿。

（2）转动测力装置时，微分筒应能自由灵活地沿着固定套筒活动，没有任何卡滞和不灵活的现象。如有活动不灵活的现象，＿＿＿＿＿＿＿＿＿＿＿＿＿＿＿＿＿＿＿＿。

（3）测量前，＿＿。

（4）用千分尺测量零件时，应当手握测力装置的转帽来转动测微螺杆，使测砧表面保持标准的测量压力，＿＿＿＿＿＿＿＿＿＿＿＿＿＿＿＿＿＿＿＿＿。绝对不允许＿＿＿＿＿＿＿＿＿＿＿＿＿＿＿＿＿＿＿＿＿＿＿＿＿＿＿＿，＿＿＿＿＿＿＿＿＿＿＿＿＿＿＿＿＿＿＿＿＿＿＿＿＿＿＿＿。

（5）使用千分尺测量零件时，＿＿＿＿＿＿＿＿＿＿＿＿＿＿＿＿＿＿＿＿＿＿＿。如测量外径时，＿＿＿＿＿＿＿＿＿＿＿＿＿＿＿＿＿＿＿＿＿＿。测量时，可在旋转测力装置的同时，轻轻地晃动尺架，使测砧面与零件表面接触良好。

（6）用千分尺测量零件时，最好在＿＿＿＿＿＿＿＿＿＿进行读数，放松后取出千分尺，这样可减少＿＿＿＿＿＿＿＿＿＿。如果必须取下时，＿＿＿＿＿＿＿＿＿＿，再轻轻滑出零件，把千分尺当卡规使用是错误的，因这样做不但易使测量面过早磨损，甚至会使测微螺杆或尺架发生变形而失去精度。

（7）在读取千分尺上的测量数值时，＿＿＿＿＿＿＿＿＿＿＿＿＿＿＿＿＿＿＿＿＿＿＿＿。

（8）为了获得正确的测量结果，＿＿＿＿＿＿＿＿＿＿＿＿＿＿＿＿＿＿＿＿。尤其是测量圆柱形零件时，应在同一圆周的____________________，检查零件外圆有没有圆度误差，再在全长的各个部位测量几次，检查零件外圆有没有圆柱度误差等。

（9）对于超常温的工件，__________________________________。

（10）用单手使用外径千分尺时，可用____。

实践操作训练

用千分尺测量462Q发动机活塞直径以及曲轴和凸轮的轴径（操作步骤见教程），将测量数据填入表2-3。

表2–3　　气缸盖测量数值记录表

名称＼位置	1	2	3	4
活塞				
曲轴				
凸轮轴				

发动机活塞直径为：第一缸__________________第二缸__________________第三缸__________________第四缸__________________

曲轴的轴径为：__________________。

凸轮轴的轴径为：__________________。

考核

学生学习评价表

评价内容		自我评价（打分）	相互评价（打分）	教师评价（打分）
信息收集	理解任务或问题的程度			
	收集信息的完整性			
	对信息（知识）的领悟性			
制订计划	计划制订参与程度			
	计划的合理性及实用性			
修改计划	和老师怎么讨论计划			

续表

评价内容		自我评价（打分）	相互评价（打分）	教师评价（打分）
修改计划	和老师讨论后，是否知道如何改进计划			
	计划修改后的完整性			
实施	是否按计划进行工作			
	是否亲自实施计划			
	是否记录工作过程及结果			
检查	是否按计划的要求去完成任务			
	是否达到预期目标			
	整个工作流程是否与标准流程符合			
评价	按计划是否完成了任务或解决了问题			
	在哪个环节上可以改进			
	学习团队的合作情况			
总评				

一体化项目（任务）考核评分表

任课教师签字：

序号	考核内容	配分	评分标准	考核记录	扣分	得分
一	利用千分尺测量活塞、曲轴及凸轮轴的直径	5	准备工具			
		5	清洁被测零部件和工具			
		20	用千分尺测量活塞直径			
		20	用千分尺测量曲轴直径			
		15	用千分尺测量凸轮轴直径			
		10	将所测的数据填入表格中			
二	职业素养	10	课堂的纪律性			
		5	文明操作			
		5	工具及设备的整齐、清洁度			
三	基础知识填空	5	回答正确，书写工整，按时全部完成			
合计		100				

任务四 指示式量具

基础知识填空

1. 百分表由________、________、________、________、________组成，其刻度值（即读数值）为 0.01mm。当指针转一圈时，________________，转数指示盘的刻度值为 1mm。其测量杆行程有________________3 种。

2. 使用百分表和千分表时有哪些注意事项。

（1）使用前，________________________________。

（2）使用百分表或千分表时，____。

（3）用夹持百分表的套筒来固定百分表时，________________，以免因套筒变形而使测量杆活动不灵活。

（4）____。

（5）测量时，不要________________________以免损坏百分表和千分表的机件而失去精度。

（6）用百分表校正或测量零件时，________________________。

（7）检查工件平整度或平行度时，____。

（8）在使用百分表和千分表的过程中，要严格防止水、油和灰尘渗入表内，测量杆上也不要加油，免得粘有灰尘的油污进入表内，影响表的灵活性。

（9）百分表和千分表不使用时，应使测量杆处于________________，免使表内的弹簧失效。如内径百分表上的百分表，不使用时，应拆下来保存。

3. 内径百分表是________________________的组合，用以测量或检验零件的内孔、深孔直径及其形状精度。

4. 内径百分表测量架的内部结构，在三通管的一端装着活动测量头，另一端装着____________，垂直管口一端，通过连杆装有____________。活动测头的移动，使____________回转，通过活动杆，推动百分表的测量杆，使百分表指针产生回转。由于杠杆的两侧触点是等距离的，当活动测头移动 1mm 时，活动杆也移动 1mm，推动百分表____________。所以，活动测头的移动量，可以在百分表上读出来。

5. 内径百分表用来测量圆柱孔，它附有成套的____________，使用前必须先进行组合和____________。组合时，将百分表装入连杆内，使小指针指____________位置上，长针和连杆轴线重合，刻度盘上的字应____________，以便于测量时观察，装好后应予____________。测量时，____________，____________，同时应在圆周上多____________，找出孔径的实际尺寸，看是否在公差范围以内。

6. 内径百分表的设定方法。

（1）使用游标卡尺，____________。

（2）设定一个更换杆（在更换杆上标有其尺寸，以 5mm 递增）和一个调整垫圈，使量规比缸径大____________。使用这些长度作为选择合适杆件的参考。然后，用调整垫圈进行微调。

（3）当百分表安装到量缸表的规体上时，轴约有____________。

7. 内径百分表的零校准方法。

（1）将百分表设置到由____________。

（2）通过以更换杆作为____________。

（3）将气缸内径量表设定到____________。

8. 气缸内径的测量方法。

（1）慢慢地____________。

（2）移动量规寻找____________。

（3）读出____________。

9. 缸径是一个精确的圆。但是，____________，而且活塞均暴露在高温高压下。为此，缸径就可能变成____________。

10. 测量气缸内径时，测量的部位应在____。

实践操作训练

参照教程补全以下操作步骤，并在实训车间完成实践操作。

用游标卡尺、千分尺、百分表测量发动机气缸套的直径。

（1）将气缸套和量具清洁干净。

（2）目测检查气缸套内壁是否有________________________缺陷，如有则需更换，不再进行测量。

（3）用____________初步测量气缸内径，为确定内径百分表设定数据提供依据，如图 2-16 所示，测得内径为 69.5mm，通过查手册得知其标准缸径为 69.70mm。

图 2-16 用游标卡尺初测气缸内径

（4）目测检查内径百分表：________________________________，____如图 2-17 所示。

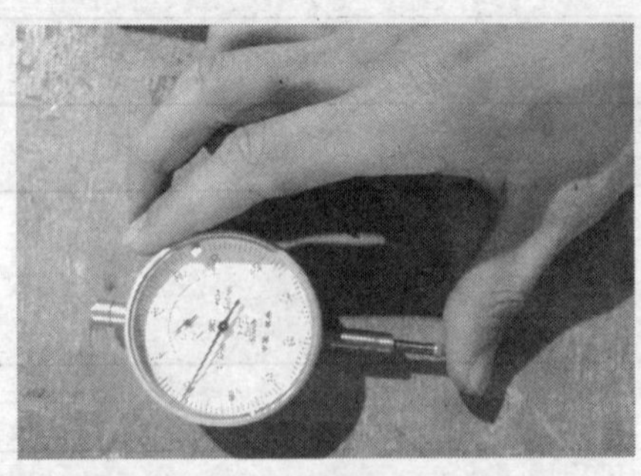

图 2-17 目测检查内径百分表

（5）将百分表装入内径百分表的表杆中，使百分表有 0.5～1 圈的压入量。选择 66～74 的固定测量杆，按如图 2-18 所示装好。注意：____________________。

图 2-18　装好百分表

（6）将千分尺调到 69.5mm 并锁紧，将____________________________________。拧转固定测量杆，使百分表的指针转动 0.5～1 圈，以方便气缸套的测量，如图 2-19 所示。

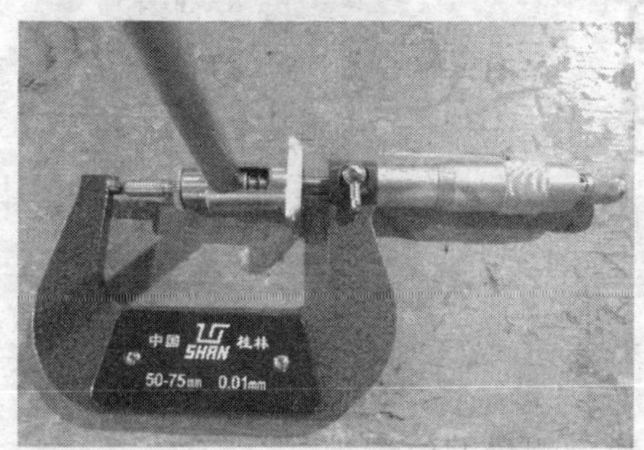

图 2-19　调整千分尺和百分表

（7）将固定测量杆端保持稳定，上下摆动活动测量头端，使百分表______________________，转动百分表表圈________________________，如图 2-20 所示。注意：此处为动态调“0”，可能要调几次才准确。

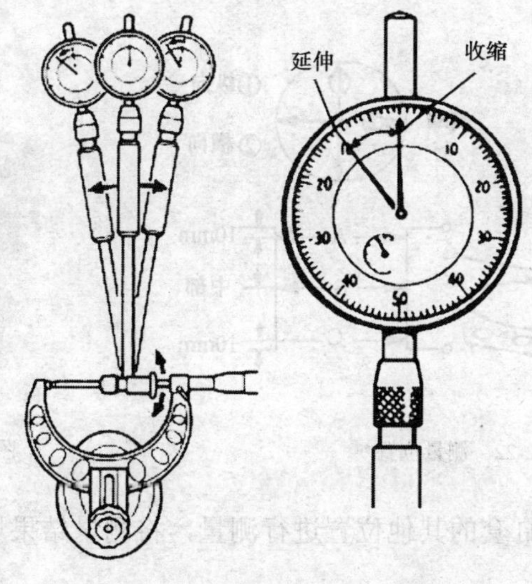

图 2-20　对百分表进行动态调零

（8）单手握住内径百分表的隔热管处，先将____________________，以 15°～30° 的角度压入，然后慢慢摆动表杆，使其与气缸套的中心重合，如图 2-21 所示。

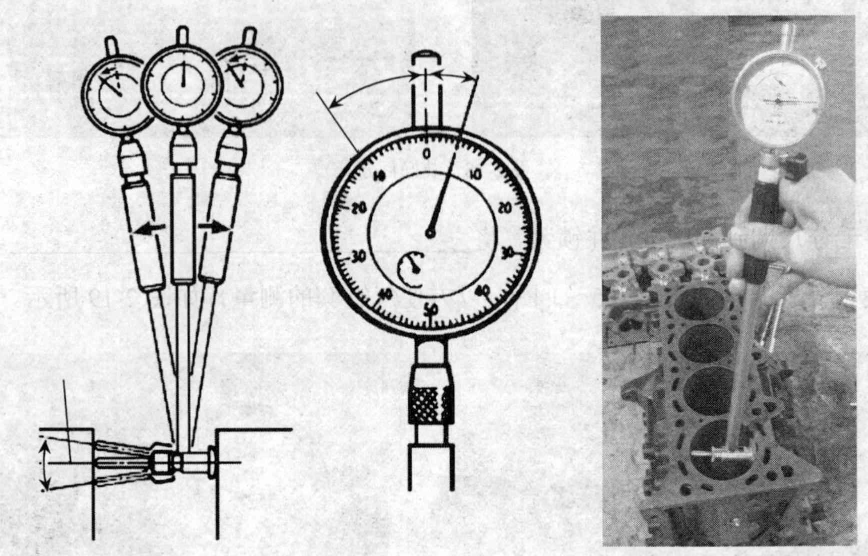

图 2-21　将内径百分表活动套端放入气缸

（9）当指针到达压缩端最小值时，记录读数。测量的位置为____________________、____________________、____________________，如图 2-22 所示。

注意：在“0”刻度线的左边（延伸端）则为“+”，在“0”刻度线的右边（收缩端）则为“–”。图 2-23 所示为+0.23mm，气缸的直径为：69.50+0.230=69.730（mm）。

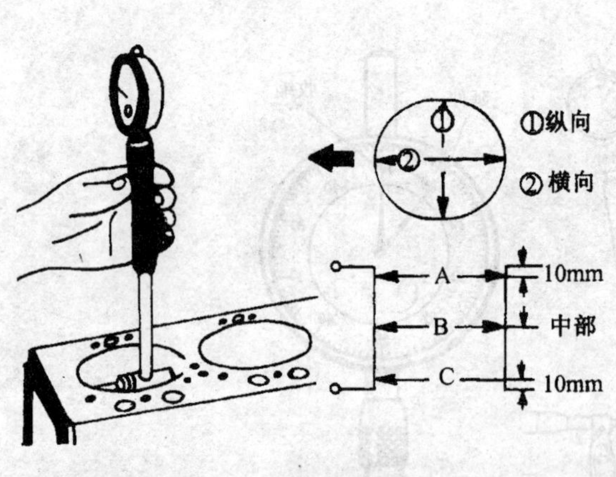

图 2-22　测量位置

图 2-23　读测量值

（10）按要求分别对气缸套的其他位置进行测量，将测量结果填入表 2-4，并计算气缸套的圆度及圆柱度误差。

表 2-4 气缸测量数据记录表

位置＼气缸	第一缸		第二缸		第三缸		第四缸	
	直径 1（纵向）	直径 2（横向）	直径 1（纵向）	直径 2（横向）	直径 1（纵向）	直径 2（横向）	直径 1（纵向）	直径 2（横向）
位置一								
位置二								
位置三								
圆度								
圆柱度								

判断结论：

考核

学生学习评价表

评价内容		自我评价（打分）	相互评价（打分）	教师评价（打分）
信息收集	理解任务或问题的程度			
	收集信息的完整性			
	对信息（知识）的领悟性			
制订计划	计划制订参与程度			
	计划的合理性及实用性			
修改计划	和老师怎么讨论计划			
	和老师讨论后，是否知道如何改进计划			
	计划修改后的完整性			
实施	是否按计划进行工作			
	是否亲自实施计划			
	是否记录工作过程及结果			
检查	是否按计划的要求去完成任务			
	是否达到预期目标			
	整个工作流程是否与标准流程符合			
评价	按计划是否完成了任务或解决了问题			
	在哪个环节上可以改进			
	学习团队的合作情况			
总评				

一体化项目（任务）考核评分表

任课教师签字：

序号	考核内容	配分	评分标准	考核记录	扣分	得分
一	游标卡尺和量缸表测量发动机的缸径	5	准备工具、零件			
		5	清洁零件			
		5	用游标卡尺预测气缸内径			
		5	检查、校核量缸表、选择量杆			
		10	安装量缸表			
		15	校准量缸表			
		15	测量气缸内径			
		15	计算圆度和圆柱度			
二	职业素养	10	课堂的纪律性			
		5	文明操作			
		5	工具及设备的整齐、清洁度			
三	基础知识填空	5	回答正确、书写工整、按时全部完成			
合计		100				

项目三 3 钳工

任务一 钳工基础

基础知识填空

1. 钳工的应用范围很广，主要包括哪些方面？

（1）加工前的准备工作，如＿＿＿＿＿＿＿＿等。

（2）在单件或小批生产中，＿＿＿＿＿＿＿＿。

（3）加工精密零件，如锉样板、刮削或＿＿＿＿＿＿＿＿等。

（4）装配、＿＿＿＿＿＿＿＿等。

2. 钳工工作台可简称＿＿＿＿＿＿＿＿，它一般是由坚实木材制成的，也有用铸铁件制成的。要求牢固和平稳，台面高度为＿＿＿＿＿＿＿＿，其上装有防护网。

3. 台虎钳是＿＿＿＿＿＿＿＿。台虎钳有固定式和回转式两种。

4. 台虎钳的主体由铸铁制成，分＿＿＿＿＿＿＿＿两个部分，台虎钳的张开或合拢，是＿＿＿＿＿＿＿＿而实现的。台虎钳座用螺栓紧固在钳台上。对于回转式台虎钳，台虎钳的底座的连接靠两个锁紧螺钉的紧合，根据需要，松开锁紧螺钉，便可做人为的圆周旋转。

5. 工件在台虎钳上的夹持方法。

（1）工件应夹持在台虎钳钳口的中部，以使＿＿＿＿＿＿＿＿。

（2）台虎钳夹持工件时，只能尽双手的力扳紧手柄，不能在手柄上加套管子或用锤敲击，以免损坏台虎钳＿＿＿＿＿＿＿＿。

（3）长工件只可锉夹紧的部分，锉其余部分时，________________________。

（4）锉削时，工件伸出钳口要短，________________________________。

（5）夹持槽铁时，槽底必须夹到钳口上，为了避免______________________。

（6）用垫木夹持槽铁最合理，如不用辅助件夹持就会变形。

（7）夹持圆棒料时，应用____________________________是合理的夹持方法。

（8）夹持铁管时，应用一对 V 形槽垫铁夹持。否则管子就会被夹扁变形，尤其是薄壁管更容易被夹扁变形。

（9）夹持工件的光洁表面时，应______________________________加以保护。

（10）锤击工件可以在砧面上进行，但锤击力不能太大，否则会______________。

（11）台虎钳内的______________________________应经常加油润滑。

6. 手锤由锤头和锤柄组成，是钳工常用的________________。锤头有方头锤和圆头锤，用碳素工具钢锻制，并经____________________________。手锤规格用锤头的重量来表示，一般有____________________________等；锤柄长度一般为350mm。

7. 为了防止锤头脱落，木柄装入锤孔中后，必须用带有________________，其深度为手锤孔深的三分之一。

8. 紧握法是右手的________________________________，大拇指贴在食指上，柄尾露出________________。在挥锤和锤击时握法不变。

9. 松握法是只用大拇指和食指始终握紧锤柄。当________________（挥锤过程），逐渐放松______________________________。锤击过程中，将放松的手指逐渐收紧，并加速手锤运动。此法掌握熟练后，不但可以______________________________，所以松握法比紧握法好。

10. 挥锤方法有______________________________3 种。

11. 正确站立姿势会使全身不易疲劳，以便于用力。要稳定地站在台虎钳的近旁，通常是左前右后。左脚向前半步，约一锤柄长。________________，膝盖稍微弯曲，保持自然。右脚稍微朝后，站稳伸直，作为主要支点。________________。头部不要探前或后仰，面向工作台，目视錾子刃口。

考核

学生学习评价表

评价内容		自我评价（打分）	相互评价（打分）	教师评价（打分）
信息收集	理解任务或问题的程度			
	收集信息的完整性			
	对信息（知识）的领悟性			
制订计划	计划制订参与程度			
	计划的合理性及实用性			
修改计划	和老师怎么讨论计划			
	和老师讨论后，是否知道如何改进计划			
	计划修改后的完整性			
实施	是否按计划进行工作			
	是否亲自实施计划			
	是否记录工作过程及结果			
检查	是否按计划的要求去完成任务			
	是否达到预期目标			
	整个工作流程是否与标准流程符合			
评价	按计划是否完成了任务或解决了问题			
	在哪个环节上可以改进			
	学习团队的合作情况			
总评				

任务二 锯削

基础知识填空

1. 手锯由____________________两部分组成。锯弓是用来____________________的工具，有固定式和可调式两种。由于可调式锯弓的前段可套在后段内自由伸缩。

2. 锯条的选择：根据工件材料的硬度和厚度选用不同粗细的锯条。锯软材料或厚件时，容屑空间要大，应选用____________________；锯硬材料和薄件时，同时切削的齿数要多，而切削量少且均匀，为尽可能减少崩齿和钝化，应选用____________________。

3. 锯削的基本操作方法。

（1）根据工件材料及厚度____。

（2）将锯条安装在锯弓上，____________________。用两个手指的力旋紧锯条，使锯条的____________________，否则锯削时易折断锯条。锯条安装好后，应检查____。

（3）工件应尽可能夹在台虎钳左边，以免____。

（4）锯削的站立位置与錾削基本一致，所不同的是两脚距离为锯弓之长。握锯时，要舒展自然，右手握稳锯柄，左手轻扶在弓架前端的弯头处。锯弓的运动主要由____。

（5）起锯分为____。

（6）锯削硬材料时，因不容易切入，压力应____，____。

（7）快锯断时，用力____。

（8）锯钢料时应加机油润滑。铸铁中因有石墨起润滑作用可免加机油。

4. 锯削安全技术。

（1）锯条松紧要适当，____。

（2）锯削时对手锯的压力不能太大，否则会____。

（3）工件将要锯完时，应用手扶着____________________，防止____________________。

考核

学生学习评价表

评价内容		自我评价（打分）	相互评价（打分）	教师评价（打分）
信息收集	理解任务或问题的程度			
	收集信息的完整性			
	对信息（知识）的领悟性			
制订计划	计划制订参与程度			
	计划的合理性及实用性			
修改计划	和老师怎么讨论计划			
	和老师讨论后，是否知道如何改进计划			
	计划修改后的完整性			
实施	是否按计划进行工作			
	是否亲自实施计划			
	是否记录工作过程及结果			
检查	是否按计划的要求去完成任务			
	是否达到预期目标			
	整个工作流程是否与标准流程符合			
评价	按计划是否完成了任务或解决了问题			
	在哪个环节上可以改进			
	学习团队的合作情况			
总评				

任务三 锉削

基础知识填空

1. 锉刀由＿＿＿＿＿＿＿＿和锉柄等部分组成，即锉刀由工作部分和锉柄组成。

2. 锉刀根据形状不同，可分为＿＿＿＿＿＿＿＿、＿＿＿＿＿＿＿＿、＿＿＿＿＿＿＿＿、三角锉、圆锉等。

3. 为延长锉刀的使用寿命，应注意哪些事项？

（1）不可锉削毛坯件表面的硬皮、氧化皮，＿＿＿＿＿＿＿＿＿＿＿＿＿＿＿＿。

（2）先使用锉刀一面，当该面用钝后＿＿＿＿＿＿＿＿＿＿＿＿＿＿＿＿。

（3）锉刀要分开放置，＿＿＿＿＿＿＿＿＿＿＿＿＿＿＿＿。

（4）锉削时不能洒水、沾油或用手去摸锉刀面，以免引起＿＿＿＿＿＿＿＿＿＿＿＿。

（5）锉削过程中应及时用钢丝刷或薄口黄铜板顺纹清除锉齿槽内的积屑。

（6）切不可用锉刀当＿＿＿＿＿＿＿＿＿＿＿＿＿＿＿＿。

4. 正确握持锉刀有助于＿＿＿＿＿＿＿＿＿＿＿＿＿＿＿＿。应根据锉刀的大小和形状，采用不同的握持方法。

5. 较大锉刀的握法：＿＿。

6. 中、小型锉刀的握法：由于锉刀尺寸小，本身强度不高，锉削时所施加的力不大，因此其握法与大锉刀相同，其余＿＿＿＿＿＿＿＿＿＿＿＿＿＿＿＿；左手持锉位置则根据锉削锉削用力轻重而异，重锉时，＿＿＿＿＿＿＿＿＿＿＿＿，其余四指弯放在下面；细锉时，＿＿＿＿＿＿＿＿＿＿＿＿；极轻微的锉削时，可不用左手持锉刀，只用右手食指压在锉上面。

7. 锉削时的站立位置与錾削基本相同，只不过＿＿＿＿＿＿＿＿＿＿＿＿＿＿＿＿。

力求自然、便于用力，以适合不同的加工要求为准。

8. 锉削姿势，如图 3-1 所示。锉削时，________________________________，靠左膝的屈伸做往复运动。锉的动作由身体和手臂运动合成。开始锉削时身体要向前倾斜 10°左右，________________________。锉刀向前推进三分之一时，身体前倾倒 15°左右，这时左膝稍弯曲。锉刀再推进三分之一时，身体渐倾斜到 18°左右。最后三分之一行程，用____________________________，身体随着锉刀的反作用力退回到初始位置。锉削全程结束后，________________________________，准备第二次的锉削，如此反复进行。

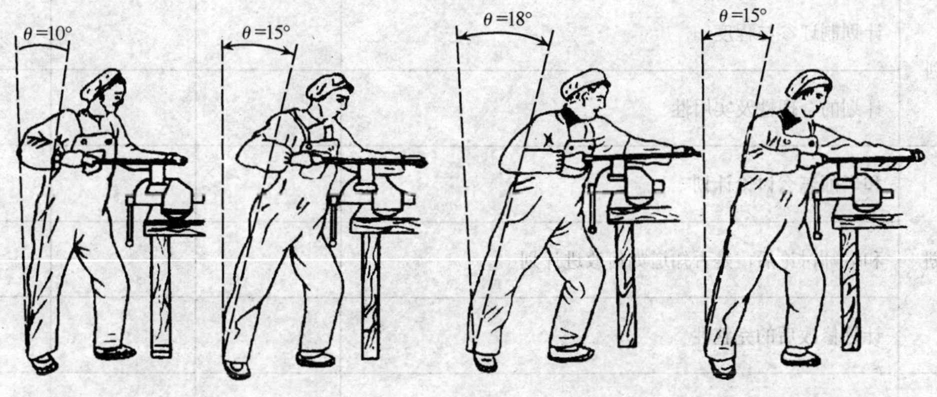

图 3-1 锉削姿势

9. 锉削速度最好控制在__________________，太快，容易疲劳，而且会加快锉齿的磨损。

10. 平面锉削的方法有：______________、______________、______________。不论哪种锉法，都应该________________，每次抽回锉刀再锉时，应向旁边移动一些。

11. 锉削安全技术。

（1）不使用__________________进行锉削。

（2）锉屑要用毛刷清除，禁止用______________________________________。

（3）不可用手摸锉刀面和____。

考核

学生学习评价表

评价内容		自我评价（打分）	相互评价（打分）	教师评价（打分）
信息收集	理解任务或问题的程度			
	收集信息的完整性			
	对信息（知识）的领悟性			
制订计划	计划制订参与程度			
	计划的合理性及实用性			
修改计划	和老师怎么讨论计划			
	和老师讨论后，是否知道如何改进计划			
	计划修改后的完整性			
实施	是否按计划进行工作			
	是否亲自实施计划			
	是否记录工作过程及结果			
检查	是否按计划的要求去完成任务			
	是否达到预期目标			
	整个工作流程是否与标准流程符合			
评价	按计划是否完成了任务或解决了问题			
	在哪个环节上可以改进			
	学习团队的合作情况			
总评				

任务四 钻孔与螺纹加工

基础知识填空

1. 钻床的种类很多，常用的有____________________3 种。

2. 台式钻床安全操作规程。

（1）操作员操作前必须熟悉机器的性能，用途及操作注意事项，初学者严禁单独上机操作。操作人员操作时要____________________

（2）机床电源插头、插座上的____________________。电线要远离高温、油腻、尖锐边缘，机床要接地线，切勿用力____________________。当事故发生时，应立即切断电源，再进行维修。

（3）保持工作区内干净整洁，不要在____________________使用机床。操作者头发不宜过长，以免操作时卷入。

（4）____________________。

（5）不要在酒后或疲劳状态下操作机器。保持机床竖直向上，勿颠覆倾倒。

（6）定期____________________。

（7）使用前，认真检查易损部件，以便及时修理或更换。钻孔径较大的孔时，应用低速进行切削及其工作前必须____________________。

（8）操作人员因事故要离开岗位时必须先关机，____________________。机器运转异常时，应立即停机交专业人员检修，检修时确保电源断开。

（9）下班前必须把____________________并做好设备的日常保养工作。

3. 立式钻床安全操作规程。

（1）操作人员必须经过专业培训合格，并持有设备操作证，方可进行操作。操作者必须严格遵守有关安全、交接班制度。

（2）工前应严格按照润滑规定进行注油，并保持____________________

____________________。

（3）检查各部是否完好，＿＿＿＿＿＿＿＿＿＿＿＿＿＿＿＿＿＿＿＿＿，确认各部运转正常后再开始工作；在工作中如发现＿＿＿＿＿＿＿＿＿＿＿＿＿＿＿＿＿＿＿＿＿＿＿＿＿＿＿＿＿＿＿＿。

（4）安装钻夹头、钻套、钻头时，锥柄应清洁无毛刺并装牢，拆卸时应用＿＿＿＿＿＿＿＿＿＿＿＿＿＿＿＿＿＿＿＿＿＿＿＿＿＿。

（5）钻通孔及薄板零件时，应垫起工件，以防钻坏工作台面。

（6）＿＿＿＿＿＿＿＿＿＿＿＿＿＿＿＿＿＿＿＿＿＿＿＿＿＿。

（7）工作台上禁止堆放工具、杂物，＿＿＿＿＿＿＿＿＿。

（8）＿＿＿＿＿＿＿＿＿＿＿＿＿＿＿＿＿＿＿＿＿＿＿＿＿＿。

（9）＿＿＿＿＿＿＿＿＿＿＿＿＿＿＿＿＿＿＿＿＿＿＿＿＿＿。

（10）钻床运转中，操作者不准擅自离开，如需离开或停电时，应升起钻床杆，使钻头离开工件，并拉断电源开关。

（11）＿＿＿＿＿＿＿＿＿＿＿＿＿＿＿＿＿＿＿＿＿＿＿＿＿＿。

（12）工后必须检查清扫设备，做好日常保养工作，并将各操作手柄（开关）置于空挡（零位），拉开电源开关，达到整齐、清洁、安全。

4. 摇臂钻床安全操作规程。

（1）摇臂钻床应由专业人员操作与保养。

（2）作业前应该检查＿＿＿＿＿＿＿＿＿＿＿＿＿＿＿＿＿＿＿＿＿＿是否存在异常，确认一切正常才能开机生产。

（3）操作前要穿紧身防护服，袖口扣紧，上衣下摆不能敞开，不得在开动的机床旁＿＿＿＿＿＿＿＿＿＿＿＿＿＿＿＿＿＿＿＿＿＿＿＿＿＿＿＿＿＿。

（4）在摇臂回转范围内，不得有障碍物，钻削前必须锁紧摇臂。

（5）钻孔作业时必须缓慢进给，防止卡转引起＿＿＿＿＿＿＿＿＿＿＿＿＿＿＿＿，造成钻出的孔不垂直不同心。

（6）工具必须装夹牢固可靠，小件必须用＿＿＿＿＿＿＿＿＿＿＿＿＿＿＿＿＿＿。

（7）工作中摇臂的高度应调整适当，不宜过高。在加工过程中，摇臂、主轴箱必须处于夹紧状态。

（8）在安装变径套和钻柄时锥度必须符合标准，＿＿＿＿＿＿＿＿＿＿＿＿＿＿。

（9）工件的装夹必须牢固，钻透孔时必须在________________。

（10）用自动进给钻透孔，在接近钻透时，应改________________。

（11）装卸工件时应将摇臂转在一旁，根据工件重量和形状选择安全吊具，轻起轻放不得碰撞设备。

（12）在调整钻孔深度的自动走刀时，应先使________________，再把进给撞块按要求调到深度数值，并锁紧。

（13）卸钻卡具（刀具）时，应将主轴退至靠近主轴箱端面，再用________________________________，不得碰打钻杆。

（14）钻孔时必须注意经常清除铁屑，钻头上________________，要用刷子或铁钩清除。在扩孔时不得用偏刃钻具。

（15）工作中注意超负荷现象，发生异常响声，应立即停止________________，并消除超负荷原因。

（16）攻螺纹时，操纵可逆顺结合主轴正反转，但必须注意________________中。

（17）禁止开车变速，若变速挂轮的手柄挂不到位时，应点动一下再变换，但不得强力扳动手柄。

（18）钻孔过程中钻头未退离工件前不得停车。严禁用手去停住转动着的钻头，反车时，必须等主轴停止后再开动。

（19）薄板、大型或长形的工件竖着钻孔时，必须压牢，严禁用____。

（20）禁止在设备上焊补或校直工件。

（21）加工作业时要注意钻头、刀具的锋利，________________不得继续使用。

（22）钻削时要用机床冷却液冷却，不得使用________________。

（23）当设备出现异常现象，如油路不通、声音不正常、局部温度升高等均不得强行使用，不能排除应立即通知维修人员处理。

（24）当设备发生事故，应保________________________________。

（25）设备开动时严禁操作者________________________________。

（26）工作后须卸下钻头将各手柄置于非工作位置上，主轴箱停放应靠近立柱，摇臂适当降低并锁紧车，再切断电源以防止发生意外。

（27）下班前 15 分钟停机清扫设备，清扫部位按照设备保养的有关规定进行。

（28）操作者要做好运行保养记录。

5. 手攻螺纹包括________________和________________。用丝锥在圆孔的内表面上加工内螺纹称为____________________，用板牙在圆杆的外表面加工外螺纹称为__________________。

6. 钻头的种类有____等，其中麻花钻是__________________刀具。以上这些钻头的几何形状虽各不相同，但都有两个对称排列的主切削刃，其切削原理是相同的。

7. 麻花钻由____组成，如图 3-2 所示。

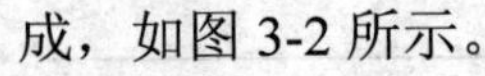

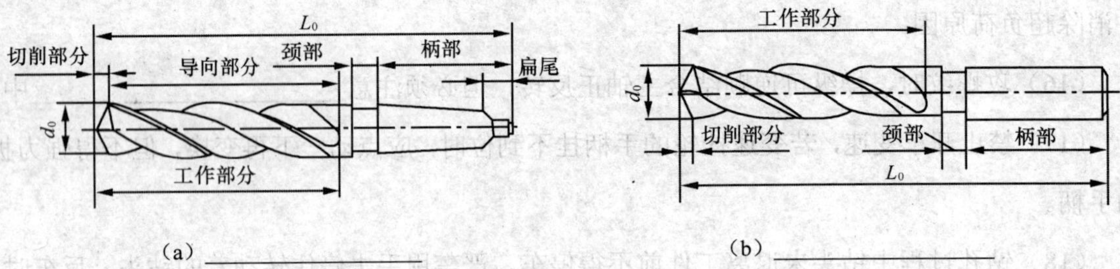

图 3-2　麻花钻

8. 钳工操作中，手攻螺纹占的比重很大。手攻螺纹包括__________________。用丝锥在圆孔的内表面上加工内螺纹称为攻螺纹（见图 3-3（a））；用板牙在圆杆的外表面加工外螺纹称为套螺纹（见图 3-3（b））。

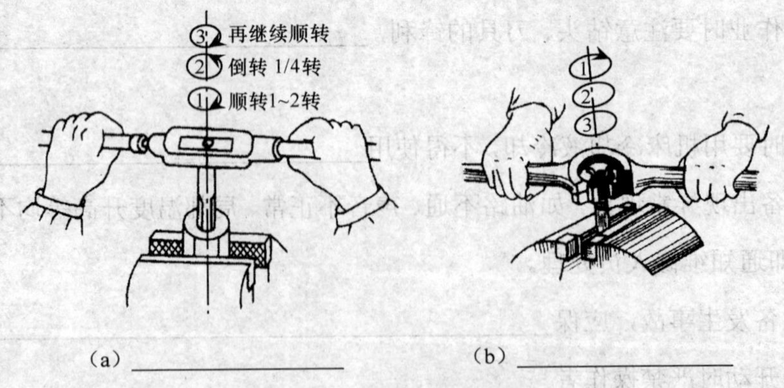

图 3-3　攻螺纹和套螺纹

9. 丝锥是专门用来攻螺纹的刀具。丝锥由________、________（定位部分）、________构成。

10. 攻螺纹时，丝锥方头夹于铰杠（铰手）方孔内，先用________，两手均匀加压，转动铰杠。当头攻切入 2 牙左右后，用 90° 角尺在两个垂直平面内进行检查，如图 3-4 和图 3-5 所示，以保证丝锥与工作表面垂直。切削时，________，以断屑。用二攻或三攻切削时，旋入几圈后，只能用铰杠转动，不再加压。

11. 铰杠是用________专用工具。

12. 套螺纹是用________。

13. 板牙架是________，即用于________。板牙架上有装卡螺钉，将板牙紧固在架内。

14. 使用锉刀应注意不准________；不准用作撬杆或敲击物体，去铁屑用钢丝刷。

15. 使用活动扳手应注意卡口与螺母尺寸配合，扳紧时不得________；使用前应擦拭柄部的油污，防止________；扳手不能当作________。

16. 使用螺丝刀应注意：不能代替撬杆或錾刀使用；禁止________操作，防止自伤。

17. 使用手锤应检查________。

18. 錾削操作要戴眼镜，錾削方向________。

19. 使用刮刀操作时勿握刀刃上，________，以防自伤。

20. 使用手弓锯时零件要夹紧，拿锯要直，往复成一条直线，________，________。

21. 断头螺栓的修理方法有哪些？

（1）管钳法。对于折断截面在螺杆中上部的断头螺栓，先在缸体表面螺栓底部周围加注少许煤油，并用铁锤向下适当地敲击螺杆；选用________，管钳底部距缸体约为5mm为宜；用手把紧螺杆的上部分，在拆卸时________________；先用管钳顺着螺栓拧紧方向拧 1/10～1/8 圈，然后________________将断头螺栓拧松并取出。

（2）烤弯螺杆法。对于折断截面在螺杆中上部而用管钳法不能拆卸的断头螺栓，先用擦机布将在缸体表面螺栓底部周围的油擦拭干净（防止烤弯螺栓时着火），用铁锤向下适当敲击螺杆；用气焊将螺杆烤弯 80°～90°（弯点距螺孔 20～30mm 为宜）；待冷却后，在缸体表面螺栓底部周围加注少许煤油；将长钢管套在烤弯后的螺杆上，用加长力臂的方法拧松断头螺栓并取出。

（3）锉削法。对于折断截面在螺杆下部且折断截面距机体平面 20～50mm 的断头螺栓，先在机体表面螺栓底部周围加注少许煤油；____；然后用螺丝刀将断头螺栓拧出。也可用平锉在螺栓上部的两侧锉出两个平行的平面，然后用扳手或自制工具将其拧出。

（4）焊接法。对于折断截面在螺杆下部且折断截面距机体平面 10～20mm 的断头螺栓，因用锉削法不便拆卸，可先用____，待冷却后在其间隙内加注少许煤油；过 0.5h 后，用扳手先顺着螺栓拧紧的方向拧 1/10～1/8 圈，再反方向将断头螺栓拆下。也可以焊接一弯角螺杆或钢棍，角度为 80°～90°，其拆卸方法与烤弯螺杆法相同。

（5）钻孔法。对于在螺孔内折断且其折断截面低于机体表面的断头螺栓，可在____；在孔内插入一经淬火处理过的圆锥钎，适当地敲击圆锥钎后，用管钳法将断头螺栓拧出。也可在钻好的小孔内，用左旋螺纹丝锥攻出左旋螺纹，然后拧入左旋螺纹螺钉，用扳手将断头螺栓拧松并取出。

（6）攻丝法。对于断在螺孔内用钻孔法也不能拆卸的断头螺栓，可用________________________________的钻头将螺栓钻出，再用和螺栓同样大的丝锥攻丝，拧出断头螺栓的剩余部分。

考核

学生学习评价表

评价内容		自我评价（打分）	相互评价（打分）	教师评价（打分）
信息收集	理解任务或问题的程度			
	收集信息的完整性			
	对信息（知识）的领悟性			
制订计划	计划制订参与程度			
	计划的合理性及实用性			
修改计划	和老师怎么讨论计划			
	和老师讨论后，是否知道如何改进计划			
	计划修改后的完整性			
实施	是否按计划进行工作			
	是否亲自实施计划			
	是否记录工作过程及结果			
检查	是否按计划的要求去完成任务			
	是否达到预期目标			
	整个工作流程是否与标准流程符合			
评价	按计划是否完成了任务或解决了问题			
	在哪个环节上可以改进			
	学习团队的合作情况			
总评				

考核

一体化项目（任务）考核评分表

任课教师签字：

序号	考核内容	配分	评分标准	考核记录	扣分	得分
一	利用圆钢制作M10的六角螺母	5	尺寸要求高（15±0.5）mm			
		5	尺寸要求 $20^{+0.2mm}_{0}$ （3处）			
		5	平面度误差 0.08mm（6面）			
		10	平行度误差 0.15mm（3组）			
		10	平行度误差 0.12mm			
		15	垂直度误差 0.08mm（6面）			
		15	表面粗糙度 Ra≤6.4μm			
		10	锉纹整齐			
			螺纹孔的对称度误差 0.4mm（3处）			
			工时 9h			
二	职业素养	10	课堂的纪律性			
		5	文明操作			
		5	工具及设备的整齐、清洁度			
三	基础知识填空	5	回答正确、书写工整、按时全部完成			
合计		100				

期末总评

	项目及所占比例	各项目考试得分	折算后得分	总评分
项目一 30%	任务一 8%			
	任务二 6%			
	任务三、任务四 4%			
	任务五 4%			
	任务六 10%			
项目二 40%	任务一 10%			
	任务二、任务三、任务四 30%			
项目三（30%）	任务一～任务四 30%			